Madhukar Singh
Rajeev Choudhary

Construção do teste de aptidão em Kabaddi

Madhukar Singh
Rajeev Choudhary

Construção do teste de aptidão em Kabaddi

Com base num estudo de investigação

ScienciaScripts

Imprint

Cover image: www.ingimage.com

This book is a translation from the original published under ISBN 978-3-659-89720-7.

Publisher:
Sciencia Scripts
is a trademark of
Dodo Books Indian Ocean Ltd. and OmniScriptum S.R.L publishing group

120 High Road, East Finchley, London, N2 9ED, United Kingdom
Str. Armeneasca 28/1, office 1, Chisinau MD-2012, Republic of Moldova, Europe
Managing Directors: Ieva Konstantinova, Victoria Ursu
info@omniscriptum.com

Printed at: see last page
ISBN: 978-620-8-61866-7

ÍNDICE DE CONTEÚDOS

Capítulo 1

INTRODUÇÃO

O Kabaddi é definido como o desporto de contacto de equipa que teve origem no Sul da Ásia e na sociedade indo-iraniana. A palavra "Kabaddi" deriva originalmente de uma palavra hindi que significa "suster a respiração". O Kabaddi é o jogo nacional do Irão e do Bangladesh e o jogo estatal do Punjab, Tamil Nadu e Andhra Pradesh. A versão internacional do Kabaddi consiste em duas equipas de 7 membros cada, que ocupam metades opostas do campo de 13m x 10m (para os homens) e 12m x 10m (para as mulheres). Cada equipa tem cinco jogadores suplementares de reserva. O Kabaddi é jogado com duas partes e um intervalo de 5 minutos durante o qual as equipas trocam de lado. O Kabaddi é uma atividade desportiva recreativa que é frequentemente praticada em roupa interior. As duas equipas ocupam as metades opostas de um campo. A equipa atacante envia um "raider" que, com um só fôlego, entra na metade do campo do adversário entoando continuamente "Kabaddi-Kabaddi-Kabaddi", a fim de garantir que o jogador não está a entoar outro fôlego. O atacante tem de tocar em qualquer jogador do lado oposto e regressar ao seu campo. O jogador que for tocado está fora. A equipa adversária tentará segurar o raider e impedi-lo de regressar ao seu campo. Agora, outra equipa terá a oportunidade de enviar um jogador para o campo do adversário. **(Bhargava, G.C., 1975)**

O mundo dos jogos e dos desportos ultrapassou muitos marcos, como resultado de diferentes realizações em geral e da sua aplicação no domínio dos desportos em particular. A investigação científica sobre o desempenho dos desportistas tem vindo a desempenhar um papel cada vez mais importante para atingir a excelência do desempenho em diferentes desportos. O Kabaddi é conhecido como o "jogo das massas" devido à sua popularidade, às suas regras simples e fáceis de compreender e ao seu apelo público. O jogo não exige qualquer tipo de equipamento, pelo que é um desporto muito popular nos países em desenvolvimento. Embora seja basicamente um desporto praticado ao ar livre em campos de terra batida, ultimamente o jogo está a ser praticado em superfícies sintéticas em recintos fechados com grande sucesso. A duração do jogo é de 45 minutos para os homens e os rapazes juniores, com um intervalo de 5 minutos para as equipas mudarem de lado; no caso das mulheres/raparigas e dos rapazes subjuniores, a duração é de 35 minutos, com um intervalo de 5 minutos entre eles. O Kabaddi é um jogo de equipa combativo, jogado sem qualquer equipamento, num campo retangular, ao ar livre, com sete jogadores no chão de cada lado. Cada equipa arrisca-se ao máximo no ataque e na defesa. **(Prasad Rao, E., 2002)**

A ideia básica do jogo é marcar pontos invadindo o campo do adversário e tocando no maior número possível de jogadores da defesa sem ser apanhado num único sopro. Durante o jogo, os jogadores do lado defensivo são chamados "antis", enquanto o jogador do lado ofensivo é chamado "raider". O Kabaddi é talvez o único desporto de combate em que o ataque é uma tentativa individual, enquanto a defesa é um esforço de grupo. O ataque no Kabaddi é conhecido como "raid". Os antis são tocados pelo raider antes de regressarem ao campo. Estes jogadores só podem retomar o jogo quando a sua equipa marcar pontos contra a equipa adversária durante o seu turno de ataque ou se os restantes jogadores do conseguirem apanhar o atacante adversário. **(Prasad Rao, E., 2002)**

O jogo exige agilidade, boa capacidade pulmonar, coordenação muscular, presença de espírito e reacções rápidas. Para um único jogador, enfrentar sete adversários não é tarefa fácil, requer ousadia e capacidade de concentração para antecipar os movimentos dos adversários (Prasad Rao, E., 2002). O desporto tem uma longa história que remonta aos tempos pré-históricos. Foi provavelmente inventado para fazer face a ataques de grupos por indivíduos e vice-versa. O jogo era muito popular na parte meridional da Ásia, sendo praticado sob diferentes formas e com diferentes nomes. Uma versão dramatizada do grande épico indiano, o "Mahabharta", faz uma analogia do jogo com a situação de aperto em que se encontrava Abhiman, o herdeiro dos reis Pandava, quando foi cercado por todos os lados pelo inimigo. A literatura budista fala de Gautam-Budha que jogava para se divertir. A história também revela que os príncipes do seu país jogavam Kabaddi para mostrar a sua força e conquistar as suas noivas. O jogo, conhecido como Hu-Tu-Tu na Índia ocidental, HaDe-Do no Bangladesh oriental, Chedugudhu no sul da Índia e Kaunbada no norte da Índia, sofreu uma mudança radical ao longo dos tempos. O jogo moderno Kabaddi é uma síntese do jogo jogado nas suas várias formas sob diferentes nomes. Hoje em dia, os desportistas conseguem ter um desempenho excecional graças à aplicação de novos métodos de treino cientificamente fundamentados e de meios de execução de exercícios desportivos, tais como técnicas e tácticas desportivas, melhoria da relva desportiva e do equipamento, bem como de outros componentes e condições do sistema de treino desportivo. **(Bhargava, G.C., 1975)**

As medidas fisiológicas e antropométricas e a variável da aptidão motora desempenham um papel vital em quase todos os jogos e desportos. Os desportistas concentram-se no desenvolvimento da velocidade, da força, da agilidade, da flexibilidade, da resistência, etc., como parte da preparação para os respectivos desportos. As capacidades motoras gerais ajudam o desportista a aprender aptidões específicas a partir de uma base sólida sobre a qual pode desenvolver a excelência no jogo em que está envolvido. **(Singh, 1991)**

O Kabaddi é basicamente um jogo indiano, que requer habilidade e força e combina as caraterísticas da luta livre e do râguebi. O Kabaddi é conhecido como o "JOGO DAS MASSAS" devido à sua popularidade, às suas regras simples e fáceis de compreender e ao seu apelo junto do público. O jogo não exige qualquer tipo de equipamento sofisticado, o que o torna um desporto muito popular nos países em desenvolvimento. Embora seja basicamente um desporto praticado ao ar livre em campos de terra batida, ultimamente o jogo tem sido praticado em superfícies sintéticas em recintos fechados com grande sucesso. A duração do jogo é de 45 minutos para os homens e os rapazes juniores, com um intervalo de 5 minutos para as equipas mudarem de lado. No caso das raparigas, a duração do jogo é de 35 minutos com um intervalo de 5 minutos. O Kabaddi é um jogo de equipa combativo, jogado sem qualquer equipamento, num campo retangular, ao ar livre ou no interior, com sete jogadores no chão de cada lado. Cada lado tem oportunidades alternadas de ataque e de defesa. A ideia básica do jogo é marcar pontos invadindo o campo do adversário e tocando no maior número possível de jogadores da defesa sem ser apanhado por um único sopro. Durante o jogo, os jogadores do lado defensivo são chamados de "Antis", enquanto o jogador do lado ofensivo é chamado de "Raider". O Kabaddi é talvez o único desporto de combate em que o ataque é uma tentativa individual, enquanto a defesa é um esforço de grupo. O ataque no Kabaddi é conhecido como "Raid". Os antis tocados pelo raider durante o ataque são declarados eliminados se não conseguirem quando a sua equipa marca pontos contra a equipa oposta durante o seu turno de ataque ou se os restantes jogadores conseguirem apanhar o raider adversário. O ioga, a ciência indiana que permite controlar o corpo e a mente através da meditação e do autocontrolo, faz parte integrante do Kabaddi. O raider tem de entrar no campo do adversário entoando a palavra "Kabaddi" enquanto sustém a respiração e tem de continuar a fazê-lo até regressar ao seu campo de origem. A isto chama-se "cant", que está intimamente relacionado com o "pranayama" do ioga. Enquanto o pranayama consiste em suster a respiração para exercitar os órgãos internos, o cant é a forma de suster a respiração durante uma atividade física vigorosa. Este é talvez um dos poucos desportos que combina o ioga com uma atividade física agitada. O jogo exige agilidade, boa capacidade pulmonar, coordenadas musculares, presença de espírito e respostas rápidas. Para um único jogador, enfrentar sete adversários não é tarefa fácil, requer ousadia, bem como capacidade de concentração e antecipação dos movimentos do adversário. **(Rao, 2002)**

Este desporto tem uma longa história que remonta aos tempos pré-históricos. Foi provavelmente inventado para evitar ataques de grupos por indivíduos e vice-versa. O jogo era muito popular no sul da Ásia, sendo praticado sob diferentes formas e com diferentes nomes. Uma versão dramatizada do grande épico indiano. O Mahabharata faz uma analogia com o jogo de cercar o inimigo por todos os lados. A literatura budista fala do Buda Gautam para mostrar a sua força e ganhar as suas noivas. Amar significa literalmente invencível. Trata-se de uma forma de Kabaddi, que é jogada com base nos pontos marcados por ambas as partes. O campo de jogo não tem medidas específicas e cada uma das equipas é constituída por nove a onze jogadores. Nesta forma de Kabaddi, não existe um sistema de saída e renascimento ou lona, mas o tempo é o fator decisivo. A principal vantagem desta forma de jogo é o facto de os jogadores permanecerem no campo durante todo o jogo e poderem dar o seu melhor. **(Prasad Rao, E., 2002)**

Esta forma de Kabaddi é jogada com nove jogadores de cada lado, num campo de jogo sem medidas específicas. A principal caraterística desta forma de Kabaddi é que um jogador que é expulso tem de permanecer expulso até que todos os membros da sua equipa o sejam. A equipa que conseguir apagar todos os jogadores da equipa adversária ganha um ponto. Isto é semelhante ao atual sistema de "lona". Depois de todos os jogadores serem eliminados, a equipa é reanimada e o jogo continua. O jogo prossegue até se obterem cinco ou sete lona. O jogo não tem tempo fixo. A principal desvantagem desta forma de Kabaddi é o facto de o jogador não estar em condições de dar o seu melhor, uma vez que é provável que fique de fora durante a maior parte do jogo até conseguir uma lona. Esta forma de Kabaddi é a que mais se aproxima do jogo atual. Nesta forma de Kabaddi, os jogadores são colocados fora e reanimados e o jogo tem a duração de 45 minutos com um intervalo de 5 minutos entre eles. A equipa é constituída por nove jogadores de cada lado. A equipa que apagar todos os jogadores do lado adversário marca quatro pontos extra para uma lona. A equipa vencedora é aquela que marcar o maior número de pontos no final do tempo estipulado. O campo de jogo é maior nesta forma de Kabaddi e o canto era diferente em várias regiões. O Kabaddi moderno assemelha-se muito a esta forma de Kabaddi, especialmente no que diz respeito ao sistema de saída e renascimento e à lona. A forma atual de Kabaddi é uma síntese de todas estas formas de Kabaddi com um bom número de alterações nas regras e regulamentos. **(Bhargava, G. C., 1975)**

O Kabaddi atingiu o estatuto nacional no ano de 1918. Maharashtra foi o estado pioneiro a levar o jogo para a plataforma nacional e a dar-lhe mais popularidade. As regras e os regulamentos foram formulados em 1918, mas foram publicados em 1923 e, nesse mesmo ano, foi organizado em Baroda um torneio para toda a Índia com base nessas regras. Desde então, o Kabaddi não tem olhado para trás e são organizados numerosos torneios em todo o país ao longo do ano. O Kabaddi teve a sua primeira exposição internacional durante os Jogos Olímpicos de Berlim de 1936, demonstrada por Hanuman Vyayam Prasarak Mandal, Amaravati, Maharashtra. O jogo foi introduzido nos Jogos Olímpicos da Índia em Calcutá, no ano de 1938. Foi em 1950 que surgiu a Federação de Kabaddi de toda a Índia. A realização regular de campeonatos a nível nacional, de acordo com as regras e regulamentos estabelecidos, começou com efeitos a partir de 1952. Após a formação da Federação de Kabaddi Amador da Índia, os primeiros campeonatos nacionais masculinos realizaram-se em Madras, enquanto os campeonatos nacionais femininos se realizaram em Calcutá, em 1955. As regras foram modificadas e foram introduzidas algumas alterações no jogo durante o campeonato nacional realizado em Nova Deli no ano de 1954. Foram feitos esforços para demonstrar o jogo no festival mundial da juventude realizado em Moscovo em 1957, mas devido a várias razões imprevistas, tal não foi possível. O jogo foi incluído no currículo do conselho de controlo desportivo da universidade indiana como uma disciplina desportiva principal no ano de 1961. O jogo foi ainda mais reconhecido quando a federação de jogos escolares da Índia o incluiu nos jogos escolares em 1962. Este organismo assumiu a responsabilidade de organizar regularmente, todos os anos, competições a nível estatal e nacional para crianças em idade escolar de todo o país em vários desportos. A Federação de Kabaddi Amador da Índia, o novo organismo, passou a existir no ano de 1972. Este organismo foi criado com o objetivo de popularizar o jogo nos países vizinhos e organizar torneios regulares a nível nacional para homens e mulheres. Após a formação deste organismo, as secções subjúnior e júnior foram incluídas nos torneios nacionais de Kabaddi, como uma caraterística regular. A partir de 1971, o Kabaddi foi incluído no currículo dos cursos regulares de formação de treinadores ministrados pelo Instituto Nacional do Desporto, o principal instituto de desenvolvimento do desporto no país. Desde então, todos os anos são formados treinadores qualificados em Kabaddi. Estes treinadores qualificados estão equipados para formar jogadores a diferentes níveis de uma forma sistemática com apoio da ciência do desporto. **(Prasad Rao, E., 2002)**

No ano de 1974, a equipa masculina indiana visitou o Bangladesh no âmbito do programa de intercâmbio cultural para disputar cinco jogos de teste em diferentes partes do país. O Bangladesh retribuiu a visita no ano de 1979 e disputou cinco jogos de teste na Índia. A Federação Asiática de Kabaddi Amador foi criada em 1978, durante as celebrações do jubileu de prata dos campeonatos nacionais de Kabaddi na Índia, organizados em Bhilai, Madhya Pradesh. O primeiro Campeonato Asiático de Kabaddi foi organizado em Calcutá, no ano de 1980. Os jogos da Taça da Federação de Kabaddi também tiveram início no ano de 1981. O Kabaddi foi incluído como uma demonstração nos IX Jogos Asiáticos organizados pela Índia no ano de 1982. No ano de 1984, foi organizado um torneio aberto inter-nacional em Bombaim, na Índia. Durante as celebrações do Tri-Centenário da cidade de Calcutá, foi organizado na cidade um Torneio Inter-Nacional de Kabaddi Invitation. A Federação do Sul da Ásia incluiu o Kabaddi como disciplina desportiva regular a partir de 1984. O Kabaddi foi jogado pela primeira vez nos Jogos da SAF, que se realizam de dois em dois anos. Pela primeira vez no cenário do Kabaddi InterNacional, a Índia foi derrotada pelo Paquistão e teve de se contentar com o segundo lugar, ganhando a medalha de prata, nos VI Jogos da SAF em Decca, Bangladesh, no ano de 1993. O segundo Campeonato Asiático foi organizado pela Índia em Jaipur, Rajasthan. A Malásia e o Japão participaram pela primeira vez neste campeonato. Nos XI Jogos Asiáticos, realizados em 1990 em Pequim, na China. O kabaddi foi incluído nas principais disciplinas. Este foi um marco importante na história do Kabaddi. A Índia ganhou a medalha de ouro, o que constituiu um momento de orgulho e inesquecível para os amantes do Kabaddi que se tinham esforçado por levar o Kabaddi para a plataforma asiática. Até à data, a Índia tem sido a atual campeã dos Jogos Asiáticos realizados em várias cidades. O mundo do Kabaddi
A Taça foi disputada pela primeira vez em 2004 e depois em 2007 e 2010. Até à data, a Índia é o campeão invicto do Campeonato do Mundo de Kabaddi. **(Bhargava, G. C., 1975)**

O Kabaddi foi apresentado aos países africanos como desporto de demonstração nos Jogos Afro-Asiáticos, organizados pela Índia. Este facto, que constitui uma mais-valia para os amantes do Kabaddi, foi possível graças aos esforços do Sr. J. S. Ghelot, Presidente da Federação de Kabaddi Amador da Índia e da Associação Olímpica Indiana. **(Bhargava, G. C., 1975)**

Nos últimos cinquenta anos, registou-se uma mudança gradual mas acentuada no estilo do jogo. O que antes era considerado um jogo de força já não o é atualmente. A introdução de mais técnicas no jogo tornou relativamente mais fácil para um jogador com mais habilidade do que peso marcar pontos contra adversários mais bem constituídos. Ao longo dos anos, o padrão do jogo mudou juntamente com as regras e o tamanho do campo de jogo. O conceito de Kabaddi como jogo indígena da Índia surgiu pela primeira vez no ano de 1921, em Maharashtra, quando foi preparado um determinado quadro de regras e o jogo foi jogado segundo o modelo de Sanjeevani & Gemini numa forma combinada. Estas regras foram aplicadas num torneio de Kabaddi de toda a Índia organizado no mesmo ano. Foi o Hanuman Vyayam Prasarak Mandal, Amaravati, Maharastra, que assumiu a tarefa de organizar e desenvolver o Kabaddi de uma forma mais sistemática e científica. Esta instituição acredita na máxima "Uma mente sã num corpo são" e tem vindo a prestar um serviço exemplar ao desporto em geral e aos jogos indígenas em particular, ao longo dos anos. Durante os anos de 1927 a 1952, o Kabaddi foi jogado em diferentes partes do país com base em regras elaboradas pelos vários clubes e comités organizadores, que se multiplicaram e ganharam proeminência. Durante os torneios, eram frequentes as disputas sobre as regras, devido à falta de uniformidade das regras e regulamentos seguidos em várias partes do país. Em Maharashtra, o Estado pioneiro a regularizar o jogo e a levá-lo para a plataforma nacional, o Kabaddi, que era conhecido como "Hu-Tu-Tu", foi jogado de acordo com as regras definidas pela gincana de Deccan de 1928 a 1938. A introdução do jogo na arena internacional como jogo de demonstração nos Jogos Olímpicos de Berlim de 1936 levou à inclusão do Kabaddi na lista de jogos prioritários do Comité Olímpico Indiano, no ano de 1940. A partir daí, foram organizados semestralmente torneios de Kabaddi inter-provinciais. Os jogos a nível distrital e provincial eram disputados de acordo com as regras estabelecidas pelo Akhil Maharastra Sharirik Shikshan Mandal, enquanto os campeonatos interprovinciais se baseavam nas Regras de Buck para os jogos e desportos, publicadas pelo Sr. H. C. Buck, diretor fundador da faculdade de educação física YMCA, em Madras. Os Jogos Olímpicos da Índia foram rebatizados como Jogos Nacionais em 1952 e, desde então, estão a ser organizados uma vez por ano em vez de duas vezes por ano. A Federação de Kabaddi de Toda a Índia, formada em 1952, nomeou um subcomité de regras com o objetivo expresso de estabelecer regras e regulamentos normalizados a seguir pelas unidades provinciais filiadas em todo o país. O subcomité de regras elaborou um novo conjunto de regras com base nas regras de Buck e as regras do jogo foram seguidas até então pelo Akhil Maharastra Sharirik Shikshan Mandal. O padrão do jogo também mudou ao longo dos anos, juntamente com a padronização das regras e regulamentos. Algumas das principais alterações no padrão do jogo incluem a introdução da regra do Raid improdutivo. O sistema de time out, o Bonus Line Game, etc., que não alteraram a estrutura básica do jogo, mas que tiveram um grande impacto. **(Prasad Rao, E., 2002)**

Um dos objectivos da investigação científica é prever acontecimentos ou resultados futuros a partir de dados presentes ou passados. Existem diferentes tipos de previsões com que nos deparamos na nossa vida quotidiana, como as previsões de riqueza, as previsões de mercado, as previsões do mercado de acções, as tendências eleitorais, etc. Estas baseiam-se em factos conhecidos, pelo que são previsões fiáveis. A investigação no domínio dos desportos e dos jogos provou que o desempenho futuro de um indivíduo ou de uma equipa pode ser previsto através da análise de determinadas variáveis, que se considera serem a base do desempenho total. Entre muitos factores, são mais importantes as seguintes variáveis, como o desempenho antropométrico, físico, fisiológico, psicológico e de aptidão, que determinam a capacidade de jogo de um indivíduo. O Kabaddi de equipa é um dos desportos de equipa e é praticado tanto por homens como por mulheres em toda a Ásia. O Kabaddi está a crescer na Índia, especialmente fora da Ásia. Na Índia, todos os anos, a Associação das Universidades Indianas organiza o torneio All India InterUniversity Kabaddi, tanto para homens como para mulheres. Há poucos estudos disponíveis sobre os jogadores de Kabaddi. As ciências do desporto desempenham um papel fundamental no desempenho do Kabaddi. O Kabaddi é um desporto de equipa que exige um certo número de factores externos e internos, como caraterísticas antropométricas, físicas, fisiológicas e psicológicas, para ser praticado a nível de elite. O papel das ciências do desporto no Kabaddi é descrito a seguir. **(Bhargava, G. C., 1975)**

No século XXI, o desporto ganhou mais popularidade e destaque do que em qualquer outro período da história da humanidade. Atualmente, tornou-se uma necessidade absoluta identificar os talentos certos para os mesmos. O desporto deixou de ser um passatempo para se tornar uma profissão a tempo inteiro. Os desportos modernos infectam os atletas que se dedicam às competições desportivas como uma vocação a tempo inteiro, para além de ganharem nome e fama. Os esforços multidisciplinares são conjugados com a vontade de levar o desempenho humano ao seu melhor nível possível.

O desempenho em determinados eventos e actividades já atingiu o milagre de aumentar a velocidade em 0,01 segundos, o que parece ser uma tarefa diferente e desafiante. Na era atual, o desenvolvimento da ciência e das tecnologias revolucionou o campo do desporto. Todos os dias são estabelecidos novos recordes em diferentes actividades desportivas. As competições desportivas de nível internacional são uma presença que honra os seus países. O campo da educação física e do desporto também foi afetado por estes desenvolvimentos da ciência e das tecnologias ao longo do último século, e o desporto conquistou um lugar importante no mundo. Isto deve-se ao facto de a aplicação no domínio do desporto e da educação física ter permitido à juventude moderna desenvolver capacidades físicas que ultrapassam tudo o que se imaginava anteriormente. **(Dick, Frank, W., 1992)**

Os cientistas desportivos e os treinadores exigem um envolvimento a tempo inteiro e uma prática desportiva dedicada durante todo o ano para atingir o auge do seu desempenho. A comunidade internacional de amantes do desporto também procura curiosamente um desempenho melhor e soberbo dos desportistas nos seus respectivos domínios. As aspirações e expectativas das pessoas em relação ao desempenho dos desportistas em todo o mundo são cada vez mais elevadas. O elevado nível de desempenho dos desportistas exige uma abordagem altamente científica, que deve ser feita desde o nível da identificação dos talentos. **(Thelma, S., Hoen., 1992)**

Um dos fundamentos desta abordagem é o estudo das medidas humanas ou antropometria. A antropometria desempenha um papel importante na decisão sobre a construção específica do corpo com várias medidas dos segmentos corporais, adequada para um determinado jogo e desporto e essencialmente útil para se destacar nesse jogo. A antropometria é um ramo da ergonomia que se ocupa especificamente da medição das pessoas, em particular das medidas do tamanho, forma, força e capacidade de trabalho do corpo. Estes dados de medição são utilizados para descrever ou traçar um quadro da população de utilizadores para uma determinada medida do corpo. Ao aplicar a antropometria, tentamos conceber o ambiente de trabalho em função da pessoa, em vez de a condicionar por ter de se adaptar ao que lhe é fornecido. Se os factores antropométricos forem tidos em consideração na conceção dos produtos, o resultado será provavelmente uma maior aceitabilidade, uma maior facilidade e eficiência de utilização e, por conseguinte, uma maior segurança operacional e uma melhor relação custo-eficácia. Ao considerar a conceção e a utilização de equipamento, o termo "pessoa média" é frequentemente referido e utilizado. No entanto, muito poucas pessoas se enquadram efetivamente nesse padrão. O corpo é constituído antropometricamente por várias partes funcionais, como a altura do assento, o alcance do punho para a frente, a altura da cintura e o perímetro da cabeça. A altura é frequentemente utilizada como critério de conceção, mas uma pessoa "alta" pode ter um corpo longo ou curto e pernas longas ou curtas. Assim, embora muitas pessoas se adaptem a peças de vestuário médias (utilizando o vestuário como exemplo), e as peças de vestuário possam ser dimensionadas para aumentar a probabilidade de um ajuste razoável, a eficiência da peça de vestuário ou do conjunto pode ser comprometida, especialmente quando a liberdade de movimentos é ainda mais influenciada, por exemplo, pela utilização de aparelhos de respiração e de um arnês. Quando os produtos são concebidos em função da "pessoa média", muitos elementos da população são excluídos da sua utilização, uma vez que não se enquadram nessa média. **(Sutcliffe e Ganham., 1981)**

O interesse atual nas medições antropométricas sobre as suas áreas, as medições do crescimento, os tipos de corpo e a composição corporal, a previsão do padrão de crescimento e a previsão do sucesso nas actividades motoras, bem como as avaliações da obesidade. O objetivo da aplicação da antropometria é acomodar o maior número possível da população de utilizadores . Se olharmos para uma determinada medida antropométrica, como a estatura feminina, verificamos que a maioria dos indivíduos terá uma estatura média e que haverá menos indivíduos muito altos ou muito baixos. O eixo horizontal mostra a altura (estatura) de uma pessoa e o eixo vertical mostra quantas pessoas teriam uma determinada altura, ou a frequência com que ocorrem na amostra de pessoas que está a ser medida. Por esta razão, este tipo de gráfico é designado por distribuição de frequências. **(Sutcliffe e Ganham., 1981)**

A aptidão física é a necessidade fundamental para qualquer atividade desportiva. As qualidades motoras, como a velocidade, a força, a resistência e a flexibilidade, juntamente com a aptidão física, são essenciais para a excelência no desporto. Os treinadores desportivos dão grande ênfase à melhoria da aptidão física e das qualidades motoras dos jogadores, o que também é chamado de condicionamento. Um bom programa de condicionamento é a espinha dorsal da formação global do desportista. O condicionamento ou aptidão física divide-se em aptidão geral e aptidão específica. A aptidão geral refere-se às qualidades motoras exigidas a qualquer desportista, independentemente da disciplina desportiva, como a velocidade, a força, a flexibilidade, a resistência e a coordenação. Todos os desportos exigem determinadas qualidades motoras acima do normal. A aptidão específica é o nível intensificado de qualidades motoras alcançado pelo desportista, exigido pelo desporto específico. No Kabaddi, a aptidão física específica diz respeito à força, à velocidade e à coordenação. O treino da condição física prepara o desportista para enfrentar os desafios fisiológicos e psicológicos que se lhe deparam na sua carreira desportiva de competição. A aptidão física específica permite ao jogador executar os movimentos invulgares exigidos pelo desporto em causa, que o não desportista não executa na sua rotina diária. No entanto, a aptidão específica depende muito da aptidão geral, razão pela qual o desportista tem de dar igual importância tanto à aptidão geral como à específica para ser bem sucedido. **(Prasad Rao, E., 2002)**

Uma vez que a força e a resistência são os principais requisitos de um desportista, o programa de treino deve começar com exercícios e actividades físicas. O desenvolvimento da coordenação, da flexibilidade, da velocidade e das capacidades de jogo são as etapas seguintes do processo de formação, que devem ser efectuadas gradualmente. Finalmente, com a ajuda de exercícios que se assemelham aos movimentos exigidos na situação real de jogo, o programa de treino é concebido para aumentar a aptidão física específica. Sendo o Kabaddi um jogo de equipa, cada jogador tem um papel específico a desempenhar na defesa e no ataque. As qualidades motoras diferem de jogador para jogador e as capacidades específicas dos jogadores que ocupam diferentes posições ou papéis no jogo de equipa também diferem. Por exemplo, a aptidão específica de um atacante é ligeiramente diferente da de um jogador da defesa principal, na medida do possível, especialmente quando atingem um determinado nível de desempenho (Prasad Rao, E., 2002). A fisiologia é o estudo do funcionamento do organismo humano. Dificilmente haverá uma ciência que seja mais importante para o treinador conhecer, compreender e ser capaz de aplicar corretamente. No seu sentido fundamental, a fisiologia envolve o funcionamento de cada um dos principais sistemas corporais utilizados no jogo de Kabaddi e a forma como esses sistemas se inter-relacionam. No seu sentido aplicado, a fisiologia aborda a forma como o exercício afecta o funcionamento dos sistemas corporais, bem como o impacto desses sistemas no desempenho. Se um treinador conhecer os conceitos básicos da fisiologia do exercício e souber como aplicá-los ao treino, os jogadores não só ficarão em "boa forma", como também serão capazes de jogar fisicamente tão bem quanto sabem, ao mesmo tempo que estarão menos sujeitos a lesões relacionadas com a fadiga. Como bónus, estarão fisicamente preparados para enfrentar o próximo degrau na escada da competição que o treinador (ou o adversário) exige. **(Abstrand, P. e Rodahl, K., 1970)**

A frequência cardíaca em repouso é, em média, de 60 a 80 batimentos/minuto em adultos saudáveis. Em indivíduos sedentários de meia-idade, pode atingir os 100 batimentos/minuto. Em atletas de resistência de elite, foram registadas frequências cardíacas tão baixas como 28 a 40 batimentos/minuto. Antes mesmo do início do exercício, a frequência cardíaca aumenta por antecipação. Isto é conhecido como resposta de antecipação. Após a resposta antecipatória inicial, a frequência cardíaca aumenta em proporção direta com a intensidade do exercício até ser atingida uma frequência cardíaca máxima. A frequência cardíaca máxima é estimada com a fórmula 220-idade. Mas esta é apenas uma estimativa e não é particularmente exacta. O único método direto para determinar a frequência cardíaca máxima consiste em fazer exercício com intensidades crescentes até se encontrar um patamar na frequência cardíaca, apesar do aumento da frequência de trabalho. Durante um exercício prolongado em estado estacionário, particularmente num clima quente, a frequência cardíaca em estado estacionário aumenta gradualmente. Este fenómeno é conhecido como desvio cardíaco e pensa-se que ocorre devido ao aumento da temperatura corporal. Para jogadores com menos de 30 anos, a frequência cardíaca recomendada no final do exercício é de 180 batimentos por minuto. Contando o pulso durante 10 segundos e multiplicando o valor por seis, determina-se o coração. A pausa de alívio não deve ter uma duração demasiado longa, pois isso reduzirá os efeitos aeróbicos do treino. **(Abstrand, P. e Rodahl, K., 1970)**

A frequência cardíaca recomendada no final do intervalo de repouso é de 150 batimentos por minuto ("Resting heart rate averages", 2011). Canto: A entoação repetida, sem interrupção, a uma distância considerável e com um som claro, da palavra aprovada "KABADDI" no decurso de uma respiração é designada por "cant". Duas equipas ocupam metades opostas de um campo e enviam à vez um "raider" para a outra metade, a fim de ganhar pontos marcando ou lutando com membros da equipa adversária; o raider tenta então regressar à sua metade, sustendo a respiração e cantando "Kabaddi, Kabaddi, Kabaddi" durante todo o ataque. O nome frequentemente entoado durante o jogo deriva de uma palavra tâmil Kabaddi que significa "suster a respiração", que é de facto o aspeto crucial do jogo. A condição física pode ser medida pelo volume de oxigénio que se pode consumir durante o exercício na sua capacidade máxima. O VO2 max é a quantidade máxima de oxigénio, em mililitros, que se pode utilizar num minuto por quilograma de peso corporal. As pessoas em boa forma física têm valores de VO2 máx. mais elevados e podem efetuar exercícios mais intensos do que as que não estão tão bem condicionadas. Numerosos estudos demonstram que se pode aumentar o VO2 máx. trabalhando a uma intensidade que eleve a frequência cardíaca entre 65 e 85% do seu máximo, durante pelo menos 20 minutos, três a cinco vezes por semana. O valor médio do VO2 max para os atletas masculinos é de cerca de 3,5 litros/minuto e para as atletas femininas é de cerca de 2,7 litros/minuto ("Fitness can", 2011). Quando uma pessoa faz exercício, os seus músculos trabalham mais do que o normal e, consequentemente, necessitam de mais energia do que o normal. Uma vez que a energia ATP utilizada pelo músculo é gerada com a ajuda do oxigénio, um aumento da intensidade do exercício resultará num aumento das necessidades de oxigénio muscular. Por conseguinte, o aumento da intensidade do exercício corresponde, em última análise, a um aumento do VO2. Esta é a razão pela qual a respiração se torna progressivamente mais rápida e profunda à medida que a intensidade do exercício aumenta; o corpo está a tentar fornecer mais oxigénio aos músculos que trabalham para que possam gerar energia ATP suficiente para o manter em movimento. Na Previsão, os resultados são antecipados de antemão. Normalmente, os resultados antecipados não são palpites do acaso, mas baseiam-se em factos conhecidos da relação ou em crenças cuidadosamente concebidas (Clarke e Clarke, 1972). O presente estudo teve em consideração um jogo de campo, o Kabaddi. Os jogos de campo são únicos no sentido em que são jogados numa área relativamente pequena e envolvem o manuseamento de um adversário ou de um objeto semelhante e, frequentemente, de um instrumento. Exige um elevado grau de agilidade, manobrabilidade e força total do corpo para ganhar uma boa posição e competir com o adversário em manobras ofensivas e defensivas. **(Jenson e Fisher, 1986)**

O Kabaddi é um dos desportos de equipa populares que requerem um elevado nível de preparação para completar 40 minutos de jogo competitivo e alcançar o sucesso. Neste jogo, os padrões de movimento são caracterizados como intermitentes e mudam continuamente em resposta a diferentes situações ofensivas e defensivas. Os factores antropométricos e as caraterísticas morfológicas podem influenciar a eficácia dessas respostas, tal como foi observado noutros desportos (Deng, Lin, Xia, Cheng, 1990). Por conseguinte, os perfis antropométricos podem contribuir para compreender a aptidão dos jogadores para o desporto do Kabaddi, em particular para o nível de elite. Os relatórios de estudos antropométricos anteriores mostraram que a estrutura corporal e as caraterísticas morfológicas podem determinar a seleção dos participantes em muitos desportos. Os resultados de estudos antropométricos transversais tendem a sugerir que certos factores físicos, incluindo a composição corporal (gordura corporal, massa corporal, massa muscular) e o físico (tipo de somato), influenciam significativamente o desempenho atlético (Carter, 1984). O conhecimento das caraterísticas físicas dos jogadores de Kabaddi pode fornecer informações sobre os factores individuais que influenciam o desempenho dos jogadores no jogo. As caraterísticas antropométricas são muito relevantes para os jogadores de Kabaddi, porque o jogo de Kabaddi implica um contacto físico em que físicos específicos com um elevado nível de força e potência podem proporcionar uma vantagem. As caraterísticas antropométricas dos jogadores de Kabaddi são tidas em conta na escolha dos jogadores para implementar o plano de jogo. **(Bhargava, G. C., 1975)**

Nos desportos modernos, o sucesso do desempenho é determinado por uma série de factores. Para obter um desempenho ótimo a nível de elite, é necessário ter em conta uma variedade de áreas. Para além disso, o Kabaddi é um jogo em que o tamanho, a forma e a composição corporal desempenham um papel importante na obtenção de vantagens distintas para posições de jogo específicas. Estas incluem o nível de aptidão, a flexibilidade, a resistência e, mais importante ainda, a utilização específica de medidas antropométricas que desempenham um papel vital em jogos de equipa complexos. O êxito no jogo depende, entre outras coisas, da forma como as caraterísticas individuais de alguns jogadores se integram no todo, criando assim uma equipa coerente. O Kabaddi é um dos jogos técnicos complexos baseados em equipas e as diferenças de desempenho entre jogadores de diferentes níveis de capacidade são diferentes. No desporto de rendimento e de alto rendimento, é dada uma grande importância à condição física. É, de facto, a preocupação com a adaptação do corpo do desportista a esforços físicos e mentais crescentes, em que participam todas as partes do corpo humano. O jogo de Kabaddi contemporâneo, caracterizado por actividades motoras de alta intensidade, coloca aos jogadores um vasto espetro de exigências sobre todas as suas capacidades. Dificilmente se pode destacar uma capacidade ou uma caraterística que não esteja envolvida no desempenho dos jogadores de Kabaddi. As capacidades motoras básicas e específicas e as capacidades cardio-respiratórias, como a força explosiva, são exigidas na linha central. Assim como a agilidade e a velocidade, indispensáveis para a resolução eficaz das situações de jogo. Um nível elevado de capacidade aeróbica garante um início de fadiga mais lento e uma recuperação rápida, enquanto a capacidade anaeróbica é responsável pela resistência em actividades repetitivas de alta intensidade. O Team Kabaddi é um jogo intermitente complexo, que exige que os jogadores tenham capacidades aeróbias e anaeróbias bem desenvolvidas. A capacidade motora, o sprint, o salto, a flexibilidade e a velocidade de lançamento representam actividades físicas que são consideradas aspectos importantes do jogo e contribuem para o elevado desempenho da equipa. Um desempenho bem sucedido requer força explosiva das pernas e braços, velocidade de sprint. **(Sibila, 1997)**

A caraterística específica do Kabaddi exige dos jogadores uma participação efectiva em actividades que necessitam de uma boa resposta aeróbia e anaeróbia. No entanto, alguns autores referem que o Kabaddi é um desporto que exige predominantemente as capacidades motoras que dependem do metabolismo anaeróbio. Assim, parece razoável afirmar que as capacidades motoras força e velocidade e as suas formas de manifestação são cruciais, uma vez que as capacidades técnicas e tácticas podem ser consistentemente superiores quando os jogadores de Kabaddi apresentam níveis elevados de adaptação do metabolismo anaeróbio O Kabaddi é um jogo de resistência. Sem resistência, o jogador não pode ter um bom desempenho, ao mesmo tempo que necessita de todas as caraterísticas, ou seja, velocidade, agilidade, flexibilidade, etc. Atualmente, a maioria dos jogadores com boa altura consegue ter um bom desempenho em situação de jogo. Sem caraterísticas físicas, os jogadores não podem atingir o objetivo do jogo, pelo que as caraterísticas físicas são essenciais para um melhor desempenho do Kabaddi. O Kabaddi é uma modalidade desportiva colectiva completa, caracterizada pela grande quantidade e variedade de movimentos, manipulação da bola e interação com outros atletas. Procurando uma melhor dinâmica e objetividade, o Kabaddi passou por vários processos evolutivos que, consequentemente, passaram a exigir do atleta maiores adaptações fisiológicas e outras caraterísticas. O rendimento do atleta no Kabaddi de alto nível depende diretamente de diversas variáveis. A avaliação do desempenho implica o reconhecimento e a denominação do nível individual dos componentes do desempenho desportivo ou de uma situação de condicionamento. **(Weineck, 1999)**

É fundamental que todas as variáveis relacionadas ao desempenho do atleta sejam avaliadas. Mesmo com essa importância, ainda se nota uma carência de estudos que utilizem avaliações e análises com medidas diretas, procurando determinar a potência aeróbia máxima, a potência anaeróbia máxima, o limiar anaeróbio e o limiar de lactato, em atletas do Kabaddi feminino. Para que o nosso país tenha sucesso no desporto, distinguir muito mais cedo o desportista representante é indiscutivelmente necessário. Como em todos os desportos, a técnica, a tática, a capacidade e a condição de uma equipa são os elementos básicos para ter êxito no Kabaddi. A principal discussão neste domínio parece continuar em conceitos terminológicos. Foram tidas em consideração variáveis físicas como a idade, a altura, o peso e o papel desempenhado no ramo desportivo do Kabaddi. **(Weineck, 1999)**

Uma vez que a seleção de uma pessoa adequada para o Kabaddi é realizada em idades precoces, as propriedades fisiológicas com perfil físico devem ser aprendidas. Foram observadas variáveis para determinar o perfil físico. As variáveis observadas incluem parâmetros respiratórios, pressão arterial, capacidade aeróbica e anaeróbica. O exercício aeróbico significa, resumidamente, um trabalho com oxigénio. Realiza-se com o trabalho de grandes grupos musculares na presença de oxigénio abundante, a um nível de 60% - 80% do pulso máximo durante pelo menos 12 minutos ou um longo período. O período indicado, 12 minutos, é aqui muito importante. Porque, no final deste período, as enzimas para queimar a gordura do corpo são produzidas nessa altura. Além disso, o exercício aeróbico faz com que aumente a quantidade de oxigénio que entra no corpo, faz com que o coração consuma muito oxigénio e aumenta o nível de condição do coração e dos pulmões. Anaeróbico significa falta de oxigénio, os músculos trabalham com o oxigénio necessário. Neste caso, também se activam as enzimas que consomem açúcar. Nesta ativação, é consumida mais energia do que a que o corpo pode produzir com o metabolismo do oxigénio. A capacidade de lidar com a pressão e a ansiedade é uma parte integrante do desporto, particularmente entre os atletas de elite. **(Hardy, Jones & Gould, 1996; Orlick & Partington, 1988)** Os investigadores referiram que as consultas de 50 atletas num festival olímpico estavam relacionadas com problemas de stress ou de ansiedade. **(Murphy, 1988)** Foi realizada uma grande quantidade de investigação que examinou a relação entre a ansiedade e o desempenho dos jogadores.

É geralmente reconhecido que os factores psicológicos são de importância crucial nos desportos de alta competição. A relação entre a ansiedade e o desempenho tem sido objeto de muitos estudos aprofundados. **(Craft, Magyar, Becker & Feltz, 2003; Parfitt & Pates, 1999; Martens, Vealey & Burton, 1990)** A ansiedade cognitiva é caracterizada por preocupações negativas e inquietações acerca do desempenho, incapacidade de concentração e perturbação da atenção. **(Krane & Williams, 1994)** A ansiedade somática consiste nas percepções de um indivíduo, que se caracterizam por indicações como palmas das mãos suadas, borboletas e tremores. **(Martens, Burton, Vealey, Bump & Smith, 1990)**

Foram também realizados estudos sobre as diferenças entre os géneros no que se refere aos níveis de ansiedade. A auto-confiança tende a diminuir nas mulheres no dia em que se realiza um evento competitivo. Os jovens atletas do sexo masculino apresentam tipicamente níveis mais baixos de ansiedade e maior auto-confiança do que as atletas do sexo feminino. **(Scanlan & Passer, 1979; Wark & Witting, 1979; Krane e Williams, 1994)** não encontraram diferenças de género para a ansiedade cognitiva. Também demonstraram que o jogador universitário mais experiente apresentava níveis mais baixos de ansiedade cognitiva e somática do que o jogador menos experiente. No que diz respeito ao Kabaddi, sugere-se que os factores psicológicos desempenham um papel ainda mais decisivo numa competição, diferenciando as equipas bem e mal sucedidas. Nos últimos anos, tem-se verificado uma preocupação crescente com o facto de o desporto de competição se ter tornado mais violento e agressivo. O comportamento agressivo e os actos de batota ocorrem regularmente em todos os níveis de participação desportiva, e há provas de que muitos desses comportamentos agressivos ilegais no desporto não são penalizados. **(Sheldon & Aimer, 2001)**

A All India Kabaddi Federation foi criada em 1950 para promover o jogo e o campeonato nacional sénior começou em 1952. O novo organismo, a Federação de Kabaddi Amador da Índia (AKFI), foi criado em 1972, filiado na Associação Olímpica Indiana (IOA), com o objetivo de popularizar o jogo na Índia e nos países vizinhos da Ásia. Após a formação deste organismo, o kabaddi ganhou uma nova forma e começaram as competições a nível nacional para rapazes e raparigas juniores e subjuniores. O 1.ºCampeonato Asiático de Kabaddi realizou-se em 1980 e foi incluído como jogo de demonstração nos 9.ºs Jogos Asiáticos de Nova Deli, em 1982. O jogo foi incluído nos jogos da Federação do Sul da Ásia (SAF) a partir de 1984, em Dacca, no Bangladesh. O Kabaddi foi incluído como disciplina nos 11.ºs Jogos Asiáticos de Pequim, em 1990, e a Índia ganhou a única medalha de ouro de Kabaddi. A Índia é a atual campeã nos jogos asiáticos seguintes, realizados em Hiroshima 1994. Banguecoque 1998, Bussan 2002 e Doha 2006, recentemente em Guangzhou 2010, e fez história no desporto indiano ao ganhar seis medalhas de ouro consecutivas nos jogos asiáticos até à data. **(Sheldon & Aimer, 2001)**

Os 15º Jogos Asiáticos de Doha constituíram uma excelente oportunidade para mostrar o Kabaddi aos europeus e australianos que participaram em grande número na organização dos Jogos Asiáticos. Muitos espectadores de países europeus, dos EUA, da Austrália, da Ásia Ocidental e dos países mediterrânicos que viram o jogo pela primeira vez ficaram muito impressionados com as regras simples e a emoção do desporto e desejaram introduzir este desporto nos seus países, o que deu ao Kabaddi uma exposição muito boa e positiva para o seu desenvolvimento futuro nos continentes da Europa, EUA, Austrália e África. Pela primeira vez na história dos jogos asiáticos, foi construído um estádio coberto separado para a competição e o treino de kabaddi nos 15.ºs jogos asiáticos realizados em Doha (Qatar) em 2006. Os campos de treino/aquecimento e o principal campo de jogos eram constituídos por tapetes de puzzle de fabrico coreano. O campo de jogo principal estava equipado com um ecrã público gigante que mostrava as repetições e os resultados. Foram instalados dois terminais de informação do painel de avaliação de plasma "Tissot" para a apresentação da equipa da cerimónia e dos meios de comunicação social. (**Sheldon & Aimer, 2001)**

O Kabaddi foi incluído nos 2.ºs Jogos Asiáticos Indoor realizados em Macon de 25 de outubro a 3 de novembro de 2007. Mais uma vez a Índia ganhou o ouro. O Kabaddi masculino e feminino foi incluído nos 1.ºs Jogos Asiáticos de Praia, organizados pela Indonésia em 2008 em Bali, tendo a Índia ganho as medalhas de ouro nos eventos masculino e feminino. A Índia continua a ser campeã mundial desde que foi incluída nos Jogos Asiáticos. O Kabaddi é agora um jogo muito popular e é um desporto regular nos Jogos Asiáticos, nos Jogos Asiáticos em recinto fechado e nos Jogos Asiáticos de Praia, para além dos Jogos SAF. Os quartos Jogos Asiáticos foram organizados em Katmandu, no Nepal, em 1983 e, desde então, têm-se realizado de dois em dois anos, exceto em algumas ocasiões. A primeira federação internacional de desportos de Kabaddi "World Kabaddi Federation" (WKF) foi oficialmente fundada em 2003 com o objetivo de encontrar uma forma de unir todas as organizações de Kabaddi, bem como de utilizar os desportos de Kabaddi para promover a paz, a harmonia, a compreensão e a cooperação entre a comunidade mundial. Mais tarde, de acordo com as decisões do Primeiro Congresso Mundial realizado em 4 de novembro de 2004, a "Federação Mundial de Kabaddi" foi constituída ao abrigo da secção 25 da lei das empresas, 1956, em 30 de setembro de 2005, com o Ministério dos Assuntos Corporativos, Governo da Índia, como uma federação desportiva internacional para governar o jogo de kabaddi a nível internacional na qualidade de única organização responsável por todas as formas de desportos de kabaddi no mundo. A autoridade representativa nos organismos mundiais responsáveis pela riqueza comum, jogos continentais, jogos mundiais jogos olímpicos regionais e internacionais e outras actividades e programas globais relacionados com o desporto. Protege o jogo de kabaddi contra a introdução de métodos e práticas impróprias por parte de organismos nacionais e regionais que possam levar o jogo ao descrédito e actua como árbitro na resolução de litígios dos países membros e afiliados decorrentes de litígios de filiação e outros. Organiza e sanciona as competições internacionais, a taça do mundo oficial, o campeonato do mundo e todos os outros torneios regionais e internacionais. A primeira taça do mundo de kabaddi foi organizada em 2004 em Mumbai (Índia), tendo a Índia vencido a primeira taça do mundo ao derrotar o Irão na final. (**Sheldon & Aimer, 2001)**

Declaração do problema

O enunciado do problema foi definido como **"Construção de um teste de aptidão no Kabaddi".**

Objetivo do estudo

O objetivo do estudo é construir um teste de competências em Kabaddi.

Delimitações

1) O estudo foi delimitado às seguintes variáveis/itens de teste:

   a) Toque do dedo do pé

   b) Toque de mão

   c) Força de preensão direita

   d) Força de preensão do punho esquerdo

   e) Força das pernas

   f) Força dorsal

   g) Trabalho a pé

   h) Arrasto e impulsão das pernas

3) O estudo foi delimitado aos jogadores masculinos de kabaddi a nível estatal.

4) A idade dos sujeitos variava entre os 18 e os 28 anos.

Limitações

A indisponibilidade de instrumentos sofisticados para a recolha de dados foi considerada como uma limitação deste estudo.

Hipótese

A partir da compreensão do problema por parte do académico e de acordo com a literatura, foi colocada a hipótese de que: não haverá uma relação significativa entre as variáveis/itens de teste selecionados e o desempenho no kabaddi.

Definição e explicação dos termos

Segundo a Wikipédia (2011), o Kabaddi é um jogo de equipa combativo, jogado sem qualquer equipamento, num campo retangular, ao ar livre ou no interior, com sete jogadores no chão de cada lado. Cada equipa tem oportunidades alternadas no ataque e na defesa. A ideia básica do jogo é marcar pontos invadindo o campo do adversário e tocando no maior número possível de jogadores da defesa sem ser apanhado por um único sopro. Durante o jogo, os jogadores do lado defensivo são chamados de "Antis", enquanto o jogador do lado ofensivo é chamado de "Raider". O Kabaddi é talvez o único desporto de combate em que o ataque é uma tentativa individual, enquanto a defesa é um esforço de grupo. O ataque no Kabaddi é conhecido como "Raid". Os antis tocados pelo raider durante o ataque são declarados eliminados se não conseguirem quando a sua equipa marcar pontos contra a equipa adversária durante o seu turno de ataque ou se os restantes jogadores conseguirem apanhar o raider adversário. A equipa com mais pontos após dois períodos de 20 minutos vence.

Importância do estudo

O presente estudo pode ser útil nos seguintes aspectos

1. Os resultados do estudo podem educar os treinadores, os professores de educação física e os jogadores de Kabaddi relativamente ao papel desempenhado por diferentes itens de teste na obtenção de uma elevada eficiência de desempenho no Kabaddi.
2. Os resultados podem ajudar a considerar critérios de triagem para selecionar talentos no Kabaddi.
3. Os resultados podem acrescentar novos conhecimentos no domínio do Kabaddi.
4. O estudo pode ajudar os treinadores e os professores de educação física a desenvolver um programa de treino sistemático e científico para os jogadores de Kabaddi.
5. O estudo pode ser útil para a autoavaliação dos jogadores de Kabaddi.

Capítulo 2

REVISÃO DA LITERATURA RELACIONADA

Este capítulo inclui a revisão da literatura relacionada. Incluem-se ambos os tipos de revisão, ou seja, a literatura crítica e a literatura associada.

Kumar, R. (2015) efectuou um estudo sobre o tema "Comparação da aptidão física relacionada com a saúde entre jogadores de kho-kho e de kabaddi". O objetivo do estudo era comparar a aptidão física relacionada com a saúde entre os jogadores de kho-kho e de kabaddi. A amostra do presente estudo foi constituída por 40 jogadores de kho-kho e de kabaddi da Índia. Tendo em conta o objetivo do estudo, foram divididos em dois grupos: kho-kho (N=20) e kabaddi (N=20). O resultado mostra que não há diferenças significativas na componente de velocidade entre os jogadores de kho-kho e de kabaddi. O valor t obtido, 1,50, é inferior ao valor tabelado t 0,05 (38) = 1,684.

Sims, S. E., Engel, L., Hammert, W. C., & Elfar, J. C. (2015) realizaram um estudo sobre o tema "Sensibilidade, força e flexibilidade da mão de músicos de alto nível em comparação com não músicos". O objetivo do estudo era determinar se os músicos têm mãos mais sensíveis, fortes e flexíveis do que os não músicos. Um total de 100 músicos e 100 indivíduos de controlo foram avaliados quanto à discriminação de 2 pontos, ao toque leve do monofilamento de Semmes-Weinstein, à força de preensão e de pinça e à laxidez. Os músicos foram incluídos se estivessem matriculados em cursos de performance instrumental num conservatório de música acreditado com a duração de 4 anos. Os controlos não músicos eram estudantes universitários que nunca ou raramente tocavam um instrumento. Todos os indivíduos tinham entre 18 e 28 anos de idade. O critério de exclusão foi o historial de qualquer doença da mão, traumatismo, cirurgia ou diabetes. As análises estatísticas foram efectuadas utilizando o teste t, a análise de variância e os coeficientes de correlação, conforme apropriado. Os resultados do estudo mostram que os músicos de alto nível da nossa coorte apresentavam a mesma dominância da mão que a população em geral. Os músicos eram mais fracos do que os não músicos. Os músicos do sexo masculino eram significativamente mais fracos na pinça e na preensão bilateralmente do que os não músicos, enquanto as mulheres eram significativamente mais fracas apenas na preensão do lado direito/dominante. A discriminação de dois pontos foi significativamente menor nos músicos para os dedos indicador, anelar e mindinho esquerdo/não dominante, e para o dedo indicador pequeno e dominante direito/dominante.

O teste de Semmes-Weinstein foi significativamente melhor para os dígitos direitos/dominantes, incluindo o polegar, mas não para os dígitos esquerdos, com exceção do anelar e sem dominância do médio e do anelar. Os músicos de alto nível têm, em geral, mãos mais sensíveis mas mais fracas do que os não músicos, mas as diferenças parecem pequenas e podem não ser clinicamente importantes.

Vermeulen, J., Neyens, J. C., Spreeuwenberg, M. D., Rossum, E., Hewson, D. J., & de Witte, L.

P. (2015) realizaram um estudo sobre o tema "Medição da força de preensão em idosos: comparação do grip-ball com o dinamómetro Jamar". O objetivo do estudo foi avaliar a fiabilidade e a validade das medições obtidas com o Grip-ball em idosos. Quarenta pacientes de lares de idosos e 59 idosos de 60 anos ou mais residentes na comunidade foram convidados a participar neste estudo. A força de preensão em ambas as mãos foi medida 3 vezes consecutivas durante uma única visita, utilizando a Grip-ball e o dinamómetro Jamar. A fiabilidade teste-reteste foi descrita utilizando os coeficientes de correlação intraclasse. A validade concorrente foi avaliada através do cálculo das correlações de Pearson entre as medições médias do Grip-ball e do dinamómetro Jamar e entre as medições mais elevadas de 3 ensaios. A validade de grupo conhecido foi estudada através de testes t. Os resultados do estudo mostram que foram incluídos 88 participantes (33 homens) com uma idade média de 75 anos (DP = 6,8). Os coeficientes de correlação intraclasse para o Grip-ball foram de 0,97 e 0,96 para as mãos esquerda e direita, respetivamente ($P < .001$), e os do dinamómetro Jamar foram de 0,97 e 0,98 para as mãos esquerda e direita, respetivamente ($P < .001$). As correlações de Pearson entre as pontuações médias do Grip-ball e do dinamómetro Jamar foram de 0,71 ($P < 0{,}001$) e 0,76 ($P < 0{,}001$) para as mãos esquerda e direita, respetivamente. As correlações de Pearson entre as pontuações mais altas de 3 tentativas foram de 0,69 ($P < 0{,}001$) e 0,78 ($P < 0{,}001$) para as mãos esquerda e direita, respetivamente. Os testes t revelaram que tanto o Grip-ball como o dinamómetro Jamar detectaram diferenças de força de preensão entre homens e mulheres, mas não entre doentes de lares de idosos e idosos da comunidade. As medições com a Grip-ball não confirmaram uma maior força de preensão da mão dominante, ao passo que o dinamómetro Jamar o fez. O Gripball fornece estimativas fiáveis da força de preensão em idosos. As correlações encontradas entre as medições do Grip-ball e do dinamómetro Jamar sugerem uma validade concorrente aceitável.
O Grip-ball parece capaz de detetar diferenças de força de preensão "maiores", mas pode ter dificuldade em detetar diferenças "menores" que foram detectadas pelo dinamómetro Jamar. A Grip-ball pode ser utilizada na prática para permitir a auto-monitorização domiciliária da força de preensão em adultos mais velhos. No entanto, para a implementação do Grip-ball como dispositivo de rastreio e monitorização na prática, é importante obter informações sobre a fiabilidade entre sessões durante a utilização domiciliária do Grip-ball e a relevância clínica das alterações na força de preensão.

Singh, D. (2015) realizou um estudo sobre o tema "An Analytical Study of Constructing Norms for Selected Kabaddi Skills for Kabaddi Players" (Um estudo analítico da construção de normas para competências selecionadas de kabaddi para jogadores de kabaddi). O objetivo do estudo foi identificar e construir normas para competências de kabaddi selecionadas para jogadores de kabaddi da universidade de Punjabi. Foram selecionados sessenta (N=60) jogadores de Kabaddi de nível universitário, do sexo masculino, com idades compreendidas entre os 18 e os 25 anos. Todos os sujeitos, depois de terem sido informados sobre o objetivo e o protocolo do estudo, deram o seu consentimento e ofereceram-se para participar neste estudo. Os dados, que foram recolhidos através da aplicação de testes, foram tratados estatisticamente para desenvolver todos os itens do teste. Para construir as normas, foi utilizada a Escala de Percentil. Para concluir, é evidente que, no Toque de Mão, as pontuações inferiores a 15,743 são consideradas muito más, entre cerca de 15,743-14,013 são consideradas más, 14,013-10,553 são consideradas médias, 10,553-8,823 são consideradas boas e as pontuações superiores a 8,823 são consideradas muito boas para os jogadores de Kabaddi da Universidade de Punjabi, Patiala. Resumindo os resultados, podemos concluir que é evidente que, no Toe Touch, as pontuações abaixo de 14,07 são consideradas muito más, entre 14,07 e 12,61 são consideradas más, 12,61 e 9,69 são consideradas médias, 9,69 e 8,23 são consideradas boas e as pontuações acima de 8,23 são consideradas muito boas para os jogadores de Kabaddi da Universidade de Punjabi, Patiala. Para concluir, é evidente que, no Pontapé de Costas, as pontuações abaixo de 8,74 são consideradas muito más, de cerca de 8,74-10,52 são consideradas más, 10,52- 14,08 são consideradas médias, 14,08-15,86 são consideradas boas e as pontuações acima de 15,86 são consideradas muito boas para os jogadores de Kabaddi da Universidade de Punjabi, Patiala.

Tikanmaki, M., Tammelin, T., Sipola, L. M., Kaseva, N., Matinolli, H. M., Miettola, S., Kajantie, E. (2015) realizaram um estudo sobre o tema "Aptidão física em jovens adultos nascidos pré-termo". O objetivo do estudo foi avaliar a aptidão física em jovens adultos nascidos pré-termo. Estudámos os participantes não deficientes do estudo de coorte de nascimento ESTER [Preterm Birth and Early-Life Programming of Adult Health and Disease] com 23,3 (SD: 1,2) anos de idade: 139 nascidos pré-termo precoce (EPT; < 34 semanas), 247 pré-termo tardio (LPT; 34-36 semanas) e 352 a termo (grupo de controlo). Medimos a aptidão muscular com o número de flexões modificadas realizadas em 40 segundos e a força máxima de preensão manual da mão dominante, a aptidão cardiovascular com a frequência cardíaca no final de um teste de passos de 4 minutos e a autoavaliação da aptidão física. Os dados foram analisados com regressão linear. Os jovens adultos nascidos em EPT (0,8; intervalo de confiança de 95%: -1,5 a -0,1; ajustado para sexo, idade e coorte de origem) e LPT (-0,8; -1,4 a -0,3) realizaram menos flexões modificadas do que os controlos. A força de preensão manual foi 23,8 (0,9-46,8) N mais baixa nos participantes do EPT. A aptidão cardiorrespiratória, medida pelo teste do degrau submáximo, foi semelhante. Numa escala de autoavaliação da aptidão física (1-5), os adultos do EPT apresentaram pontuações 0,2 (0,0-0,4) mais baixas do que os controlos. Após o ajustamento para factores de confusão do início da vida, os resultados mantiveram-se. Estes resultados atenuaram-se após um ajustamento adicional para factores mediadores. Os jovens adultos nascidos em EPT e LPT tinham uma aptidão muscular inferior à dos controlos, o que pode predispô-los a doenças cardio-metabólicas e outras doenças crónicas. Os adultos nascidos em EPT também se consideram menos aptos do que os controlos.

Bielemann, R. M., Gigante, D. P., & Horta, B. L. (2015) realizaram um estudo com o tema "Peso ao nascer, restrição de crescimento intrauterino e estado nutricional na infância em relação à força de preensão palmar em adultos: da coorte de nascimentos de Pelotas (Brasil) de 1982". O objetivo do estudo foi avaliar a associação entre peso ao nascer, crescimento intrauterino e estado nutricional na infância com a força de preensão palmar em adultos jovens da coorte de nascimentos de Pelotas (Brasil) de 1982.Em 1982, foram acompanhados os nascidos vivos hospitalares de Pelotas. Em 2012, a força de preensão palmar foi avaliada por meio de um dinamômetro de mão e a melhor das seis medidas foi utilizada. O peso ao nascer foi analisado como escore-z para a idade gestacional de acordo com a curva de Williams (1982). O peso para a idade, o peso para o comprimento/altura e o comprimento/altura para a idade aos 2 e 4 anos foram analisados em escores-z de acordo com os padrões de crescimento infantil da Organização Mundial da Saúde de 2006. A massa magra aos 30 anos foi incluída como possível mediador utilizando a fórmula de cálculo g.Em 2012, foram entrevistados 3701 (68,1%) indivíduos e 3470 foram incluídos nas presentes análises. Um aumento de 1 z-score no peso à nascença foi associado a um aumento de 1,5 kg na força de preensão no sexo masculino (intervalo de confiança de 95%, 1,1-1,9). O efeito positivo do peso à nascença na força de preensão foi encontrado nas mulheres. A força de preensão palmar foi maior nos indivíduos que nasceram com o tamanho adequado para a idade gestacional e associou-se positivamente ao z-score de peso e comprimento/altura para a idade aos 2 e 4 anos de idade. Uma associação positiva entre o peso à nascença e a força de preensão foi apenas parcialmente mediada pela massa magra adulta (50% e 33% do efeito total em homens e mulheres), enquanto o efeito direto do peso aos 2 anos foi encontrado apenas nos homens. Sugere-se que uma boa nutrição no período pré-natal e no início da vida pós-natal tem uma influência positiva na força muscular do adulto . Os resultados do peso à nascença sugerem uma programação fetal na medição da força de preensão.

Martins, J. C., Aguiar, L. T., Lara, E. M., Teixeira, S., L. F., & Faria, C. D. (2015) realizaram um estudo sobre o tema "Avaliação da força de preensão palmar com o teste do esfigmomanómetro modificado: associação entre a força global do membro superior e a função motora". O objetivo do estudo foi avaliar se os valores de força de preensão palmar obtidos através do MST e os obtidos através de um dinamómetro de preensão manual apresentariam correlações semelhantes com a força global e a função motora do UL parético em indivíduos com AVC, tanto na fase subaguda como na fase crónica. As medidas de força de preensão (MST e dinamómetro de preensão manual), força global dos MMII (MST e dinamómetro manual) e função motora dos MMII (escala de avaliação motora de Fugl-Meyer) foram obtidas em 33 sujeitos com AVC subagudo e 44 sujeitos com AVC crónico. Foram calculados os coeficientes de correlação de Pearson e Spearman e foram efectuadas análises de regressão múltipla Stepwise para investigar as variáveis preditoras da força de preensão (α=0,05). Os resultados do estudo mostram que foram encontradas correlações significativas de magnitude semelhante entre as medidas de força global do UL parético e a força de preensão avaliada com o MST ($0,66 \leq r \leq 0,78$) e o dinamómetro de preensão manual ($0,66 \leq r \leq 0,78$) e entre a função motora do UL e a força de preensão avaliada com o MST ($0,50 \leq rs \leq 0,51$) e o dinamómetro manual ($0,50 \leq rs \leq 0,63$) em indivíduos com AVC subagudo e crónico. Apenas a força global permaneceu como uma variável preditora significativa da força de preensão para o MST ($0,43 \leq R2 \leq 0,61$) e para o dinamómetro de preensão manual ($0,44 \leq R2 \leq 0,61$) para ambos os subgrupos de AVC. A força de preensão avaliada com o MST pode ser usada para relatar a força global do UL parético.

Yardimci, B., Sumnu, A., Kaya, I., Gursu, M., Aydin, Z., Karadag, S., & Kazancioglu, R. (2015) realizaram um estudo sobre o tema "A força de preensão manual e a medição da pinça chave estão relacionadas com parâmetros bioquímicos de nutrição em doentes em diálise peritoneal?" O objetivo do estudo foi avaliar a relação entre a HST e os marcadores bioquímicos na evolução do estado nutricional de pacientes com ESRD.Este estudo transversal incluiu 36 pacientes consecutivos, que estão em diálise peritoneal e 36 indivíduos de controle saudáveis. O teste de força de preensão manual foi efectuado com o dinamómetro de Jamar e o teste de pinça foi efectuado com o pinça- chave. Outros testes antropométricos incluíram a espessura das pregas cutâneas nas regiões bicipital, tricipital, umbilical, suprailíaca e subescapular; circunferências na cintura, anca, pescoço e antebraço. Os testes bioquímicos foram efectuados apenas no grupo de Diálise Peritoneal (DP). O SPSS for Windows ver. 15.0 foi utilizado para fins estatísticos. Os resultados do estudo mostram que o estudo transversal incluiu 36 doentes consecutivos, que estão em diálise peritoneal e 36 indivíduos de controlo saudáveis. O dinamómetro de Jamar foi utilizado para o teste de força de preensão manual; foi utilizado um medidor de pinça para a pinça de chave. Outros testes antropométricos incluíram a espessura das pregas cutâneas nas regiões bicipital, tricipital, umbilical, suprailíaca e subescapular; circunferências na cintura, anca, pescoço e antebraço. Os testes bioquímicos foram efectuados apenas no grupo de Diálise Peritoneal (DP). O SPSS for Windows ver. 15.0 foi utilizado para a estatística. O teste de força de preensão manual e a pinça de chaves podem ser testes fiáveis, baratos e fáceis de realizar para o diagnóstico do desperdício de energia proteica em doentes em diálise peritoneal.

Singh, D. (2015) realizou um estudo sobre o tema "Construção de normas para competências selecionadas de kabaddi para jogadores de kabaddi da Universidade de Panjab". O objetivo do estudo era construir normas para competências de kabaddi selecionadas para jogadores de kabaddi da Universidade de Panjab. Para efeitos do presente estudo, foram selecionados sessenta (N=60) jogadores de Kabaddi de nível universitário, do sexo masculino, com idades compreendidas entre os 18 e os 25 anos. Os sujeitos foram selecionados propositadamente: Grupo-A: Universidade de Panjab, Chandigarh (n=60). Além disso, sessenta (N=60) jogadores de Kabaddi de nível universitário do sexo masculino incluem os sujeitos que participaram nas competições interuniversitárias do ano letivo de 2013-2014 e que estão filiados na Universidade de Panjab, Chandigarh (n1=60). Os dados, que foram recolhidos através da administração de testes, foram tratados estatisticamente para desenvolver todos os itens do teste. Para construir as normas, foi utilizada a escala de percentis. Além disso, as pontuações foram classificadas em cinco graus: muito bom, bom, médio, mau e muito mau. Os resultados do estudo mostram que, para concluir, é evidente que, no Toque de Mão, as pontuações inferiores a 15,853 são consideradas muito más, de cerca de 15,853-14,343 são consideradas más, 14,343-11,323 são consideradas médias, 11,323-9,813 são consideradas boas e as pontuações superiores a 9,813 são consideradas muito boas para os jogadores de Kabaddi da Universidade de Panjab, Chandigarh. Para concluir, é evidente que no Toque do dedo do pé, as pontuações abaixo de 13,48 são consideradas muito fracas, de cerca de 13,48-12,14 são consideradas fracas, 12,14-9,46 são consideradas médias, 9,46-8,12 são consideradas boas e as pontuações acima de 8,12 são consideradas muito boas para os jogadores de Kabaddi da Universidade de Panjab, Chandigarh. Para concluir, é evidente que no Pontapé de costas, as pontuações abaixo de 8,78 são consideradas muito más, de cerca de 8,78-10,69 são consideradas más, 10,69-14,51 são consideradas médias, 14,51-16,42 são consideradas boas e as pontuações acima de 16,42 são consideradas muito boas para os jogadores de Kabaddi da Universidade de Panjab, Chandigarh.

Sudhakar, H. H., Majumdar, P., Umesh, V., & Panda, K. (2014) realizaram um estudo sobre o tema "O rácio entre o segundo e o quarto dígitos é um indicador da capacidade desportiva em jogadores indianos de elite de kabaddi masculino". O objetivo do estudo era descobrir uma possível relação entre a relação entre os dígitos e a capacidade desportiva dos jogadores de kabaddi masculino. Este estudo também dá uma ideia das possíveis diferenças étnicas entre o pessoal desportivo indiano e outras populações. Foram analisadas as mãos direita e esquerda de 33 jogadores de kabaddi do sexo masculino que frequentavam o campo de treino no centro regional de Bangalore da Sports Authority of India. Os comprimentos do segundo e quarto dígitos foram medidos e o seu rácio calculado. O grupo de controlo foi constituído por indivíduos com a mesma idade, peso, altura e índice de massa corporal (25 homens) que não praticavam qualquer desporto. Os resultados do estudo mostram que foi encontrada uma diferença altamente significativa nos rácios 2D:4D de ambas as mãos, tendo os jogadores de Kabaddi um rácio mais baixo em comparação com os seus controlos. Não se registou uma diferença estatisticamente significativa no rácio 2D:4D (Δ r-l) entre os jogadores de Kabaddi
jogadores e controlos. O Kabaddi é um desporto intermédio que não exige um elevado nível de resistência, mas ao mesmo tempo requer traços masculinos devido à natureza de combate do jogo. Os rácios 2D:4D podem ser utilizados como critérios adicionais fiáveis na seleção de potenciais jogadores a integrar a equipa.

Matsui, Y., Fujita, R., Harada, A., Sakurai, T., Nemoto, T., Noda, N., & Toba, K. (2014) realizaram um estudo sobre o tema "Associação da força de preensão palmar e índices relacionados com a independência das actividades da vida diária em idosos, investigada por um dispositivo de medição da força de preensão recentemente desenvolvido". Objetivo do estudo foi investigar a associação entre a força de preensão palmar e a independência das actividades da vida diária em adultos mais velhos, utilizando um dispositivo de medição da força de preensão recém-desenvolvido. Foram incluídos no presente estudo doentes que visitaram a clínica de perturbações da memória do Centro Nacional de Geriatria e Gerontologia (142 homens e 205 mulheres, com uma idade média de 74,8 ± 8,8 anos). A sua força durante o desempenho de preensão é descrita em pormenor, sendo calculados os seguintes índices: força máxima (FM), tempo de resposta (TR), tempo até à FM, tempo até atingir o ponto de viragem (PT), força no PT, inclinação desde o início até ao PT, tempo desde o PT até atingir a FM, inclinação desde o PT até à FM e rácio de força (PT/EM). O Índice de Barthel (IB), pontuação total e pontuação de cada subclasse, foi utilizado para avaliar a independência nas actividades da vida diária. A EM foi comparada entre os grupos independente e dependente.

Foram analisadas as correlações, através do coeficiente parcial de Pearson ajustado para a idade, e o escore total do Mini Exame do Estado Mental entre os índices e o IB por sexo, lado e faixa etária. Os resultados do estudo mostram que a EM foi significativamente maior no grupo independente. A EM e o TR foram significativamente relacionados com o BI total e algumas subclasses em ambas as mãos, o TP/EM foi significativamente relacionado na mão direita de ambos os sexos, e a força no TP foi significativamente relacionada em ambas as mãos nas mulheres e na mão esquerda nos homens. O tempo para atingir o TP foi particularmente correlacionado em ambas as mãos e o tempo do TP para atingir o MS na mão direita, nos homens. A correlação dos índices variou consoante o sexo, o lado da mão e o grupo etário, especialmente nos homens com mais de 70 anos, nas mulheres com menos de 70 anos e nas mulheres com mais de 80 anos. O MS demonstrou ser útil, mas alguns dos índices recentemente definidos, como o RT, a força no TP e os elementos relativos a antes e depois do TP até atingir o MS, também foram sugeridos como úteis.

Kim, W. K., Kim, D. K., Seo, K. M., & Kang, S. H. (2014) realizaram um estudo sobre o tema "Fiabilidade e validade do teste de força extensora isométrica do joelho com o dinamómetro de mão em função da sua fixação: um estudo piloto". O objetivo do estudo foi determinar a fiabilidade e a validade do dinamómetro de mão (HHD), dependendo da sua fixação, na medição da força extensora isométrica do joelho, comparando os resultados com um dinamómetro isocinético. Participaram neste estudo vinte e sete voluntárias saudáveis do sexo feminino. Os sujeitos foram testados na posição sentada e supina, utilizando três métodos de medição: extensão isométrica do joelho por dinamómetro isocinético, HHD não fixo e HHD fixo. Durante a medição, as articulações do joelho dos sujeitos foram fixadas num ângulo de 35° a partir da posição de extensão. A medição do HHD fixo foi efectuada com o HHD fixado à tíbia distal com uma fita de velcro; o HHD não fixo foi realizado com um método manual sem fixação de velcro. Todas as medições foram repetidas três vezes e, entre elas, os valores máximos do pico de binário foram utilizados para a análise. Os resultados do estudo mostram que os dados do método HHD fixo apresentaram maior validade do que o método não fixo, em comparação com os resultados do dinamómetro isocinético. Os coeficientes de correlação de Pearson (r) entre o método do HHD fixo e o método do dinamómetro isocinético foram estatisticamente significativos (supino-direito: $r=0,806$, $p<0,05$; sentado-direito: $r=0,473$, $p<0,05$; supino-esquerdo: $r=0,524$, $p<0.05$), enquanto os coeficientes de correlação de Pearson entre os métodos do dinamómetro não fixo e do dinamómetro isocinético não foram estatisticamente significativos, exceto para o resultado da posição supina da perna esquerda ($r=0,384$, $p<0,05$). Tanto o método HHD fixo como o não fixo apresentaram uma excelente fiabilidade interavaliadores . No entanto, o método HHD fixo mostrou uma fiabilidade mais elevada do que o método HHD não fixo, tendo em conta o coeficiente de correlação intraclasse (HHD fixo, 0,952-0,984; HHD não fixo, 0,940-0,963). A fixação do HHD durante a medição na posição supina aumenta a fiabilidade e a validade da medição da força do quadricípite.

Singh, A. K., Kannan, A., & Singh, R. R. (2014) efectuaram um estudo sobre o tema "Prediction of kabaddi playing ability in the anthropometric and bio-motor contexts" (Previsão da capacidade de jogar kabaddi nos contextos antropométrico e biomotor). O objetivo do estudo era prever a capacidade de jogar kabaddi nos contextos antropométrico e bio-motor. Cento e trinta jogadores de kabaddi foram selecionados através de uma abordagem de amostragem aleatória durante o torneio de kabaddi da Zona Este no ano de 2012 e a sua faixa etária era de 17 a 27 anos. Foram efectuadas várias medições com base nos parâmetros acima referidos em cada indivíduo. A altura foi medida através da estatura, o peso foi medido com uma máquina de pesagem e o comprimento das pernas foi medido com a fita antropométrica Lufkin. As capacidades bio-motoras foram medidas utilizando diferentes protocolos de procedimentos de teste. A agilidade foi medida através do teste de agilidade de 40 metros; o poder explosivo das pernas foi medido através do salto em comprimento em pé; a flexibilidade foi medida através do teste de sentar e alcançar; a resistência muscular foi medida através do teste de sentar e levantar com os joelhos dobrados; e a potência muscular foi medida através do número de flexões. A capacidade de jogo (variável dependente) foi avaliada por três peritos bem qualificados e experientes. Utilizou-se o "r" de Pearson para determinar a inter-correlação entre eles e o modelo de regressão para prever a capacidade de jogo em relação aos aspectos acima mencionados, com um nível de significância estatística de 0,05. Resultados: 1) Existiram correlações elevadas entre a capacidade de jogo e a agilidade (r = 0,631), a potência explosiva da perna (r = 0,56), a força muscular (r = 0,391) e correlações moderadas entre a capacidade de jogo e a resistência muscular (r = 0. 271), comprimento da perna (r = 0,30), peso (r = 0,221), flexibilidade (r = 0,19) e existem correlações baixas entre a capacidade de jogo e a força de preensão (r = 0,121) e uma correlação muito baixa entre a altura (r = 0,087) e a capacidade de jogo no kabaddi. 2) A equação do modelo de regressão linear apresentado é a seguinte: Capacidade de jogo no kabaddi = 4,032 + 2,41 (potência explosiva da perna) -,453 (agilidade) +,041 (força muscular) -,360 (comprimento da perna).

Singh, D. (2014) realizou um estudo sobre o tema "Um estudo do coeficiente de correlação para competências de kabaddi selecionadas para jogadores de kabaddi da Universidade de Punjabi". O objetivo do estudo era descobrir o coeficiente de correlação de determinadas competências de kabaddi dos jogadores de kabaddi da Universidade de Punjabi. Para efeitos do presente estudo, foram selecionados sessenta (N=60) jogadores de Kabaddi de nível universitário, do sexo masculino, com idades compreendidas entre os 18 e os 25 anos. Os sujeitos foram selecionados propositadamente: Grupo-A: Universidade de Punjabi, Patiala (n=60). Além disso, sessenta (N=60) jogadores de Kabaddi de nível universitário do sexo masculino incluem indivíduos que participaram nas competições interuniversitárias do ano letivo de 2013-2014 e que estão filiados na Universidade de Punjabi, Patiala (n=60). Para o presente estudo, foram selecionadas as seguintes competências: Toque de mão, Toque de dedo do pé e Pontapé de costas. Técnica estatística utilizada: Toda a análise deste estudo foi efectuada com recurso a software estatístico (versão SPSS 17). A (fiabilidade) foi deliberada através da utilização do método de teste-reteste (fiabilidade intra-classe), A (validade) foi estabelecida através da utilização de métodos de itens de teste paralelos, (Correlação do Momento do Produto de Pearson). Para estabelecer a fiabilidade dos itens do teste de competências de kabaddi, foi utilizado o método de teste-reteste aplicando a correlação produto-momento de Pearson e o investigador tentou também estabelecer a fiabilidade global dos itens do teste de competências de kabaddi. Os resultados mostram que a correlação significativa em relação às competências de Kabbadi para os jogadores de Kabaddi da Universidade de Punjabi, ou seja, toque de mão, toque de dedo do pé e remate de costas.

Singh, A. S., & Gaurav, V. (2014) realizaram um estudo sobre o tema "Estudo comparativo da força de preensão manual e da cintura escapular entre jogadores interuniversitários de críquete, basebol e softbol". O objetivo do estudo era comparar a força da preensão manual e da cintura escapular entre os jogadores de críquete, basebol e softbol. Foi selecionada uma amostra de trinta e seis (N = 36) jogadores masculinos de nível interuniversitário (média ± DP: idade 20,53 ± 0,97 anos, altura 181,33 ± 3,43 cm, peso 74,03 ± 3,95 kg, IMC 22,52 ± 1,40), incluindo doze jogadores de críquete, basebol e softbol, que participaram em competições interuniversitárias da Guru Nanak Dev University, Amritsar, Índia. Todos os participantes foram informados sobre o objetivo e a metodologia do estudo e ofereceram-se para participar no mesmo. Todos os participantes foram avaliados quanto à altura, ao peso, à força de preensão manual e à força da cintura escapular. A altura dos sujeitos foi medida com uma vara antropométrica com uma aproximação de 0,5 cm. O peso dos sujeitos foi medido com uma balança portátil, com uma aproximação de 0,5 kg. Foi utilizado um dinamómetro de preensão manual calibrado com pega ajustável para medir a força de preensão manual direita e esquerda em kg, enquanto a força da cintura escapular foi medida através do lançamento de uma bola medicinal. Foi aplicada uma análise de variância (ANOVA) unidirecional para determinar a importância das diferenças no que respeita à força de preensão manual e à força da cintura escapular entre os jogadores interuniversitários de críquete, basebol e softbol. Foi aplicado o teste post-hoc de Scheffe (SPHT) para verificar a direção e a importância das diferenças, quando o valor "F" foi considerado estatisticamente significativo. O nível de significância foi fixado em 0,05. Foram encontradas diferenças significativas entre os jogadores interuniversitários de críquete, basebol e softbol no que respeita à força de preensão manual (p= 0,05) e à força da cintura escapular (p= 0,05), respetivamente. Ao comparar as médias, verificou-se que os jogadores de basebol tinham melhor força de preensão manual direita e esquerda, bem como força da cintura escapular, do que os seus homólogos; jogadores de críquete e de softbol.

Sainia, M., & Sinha, A. (2014) realizaram um estudo sobre o tema "Comparação da força das pernas, da força de preensão e da força das costas entre os lutadores, halterofilistas e judocas de estudantes universitários". O objetivo do estudo era comparar a força das pernas, a força de preensão e a força das costas entre os lutadores, os halterofilistas e os judocas de estudantes universitários. Os sujeitos deste estudo foram selecionados entre os lutadores, halterofilistas e judocas de diferentes universidades de Jharkhand. Foram selecionados para o estudo dez (10) atletas do sexo masculino de cada grupo, nomeadamente de Wrestling, Halterofilismo e Judo. Foram apresentadas variáveis como a força das pernas, a força de preensão e a força das costas para comparar os estudantes-atletas pertencentes ao Wrestling, ao Halterofilismo e ao Judo. Para verificar a diferença significativa da força das pernas, da força de preensão e da força das costas entre os estudantes-atletas pertencentes à Luta Livre, ao Halterofilismo e ao Judo, foi aplicada a análise de variância "F-ratio" a um nível de significância de 0,05. Para uma análise mais aprofundada, foi aplicado o teste "Post-Hoc" (teste LSD). Os resultados do estudo mostram que foi encontrada uma diferença significativa na força das pernas entre lutadores, halterofilistas e judocas, uma vez que o F calculado (4,04) é superior ao F tabelado (3,35). Os halterofilistas apresentaram um nível significativamente diferente de força de perna (192,5) em comparação com os lutadores (165,8) e os judocas (163,5). No entanto, os lutadores e os judocas mostraram mais ou menos o mesmo nível de força de pernas. No caso da força das costas e da força de preensão, não se registaram diferenças significativas entre lutadores, halterofilistas e judocas, uma vez que o F calculado (1,89) e (1,73) é inferior ao F tabelado (3,35), respetivamente. No entanto, registaram-se pequenas variações, uma vez que os halterofilistas apresentaram o valor médio mais elevado (141,5) do que os lutadores (128,3) e os Judocas (132,9) e os Judocas apresentaram o maior valor médio (52,7) do que os Lutadores (51,1) e os Halterofilistas (49,3) em relação à força de costas e força de preensão, respetivamente.

Singh, A. (2014) realizou um estudo sobre o tema "Estudo comparativo da força da cintura escapular e da força de preensão manual entre jogadores de basquetebol e de andebol". O objetivo do estudo era comparar a força da cintura escapular e a força de preensão manual entre jogadores de basquetebol e de andebol. Uma amostra de quarenta e seis (N=46) indivíduos, que inclui vinte e três de cada, basquetebol masculino (N=23, média ± DP: idade 20,41 ± 1,34 anos, altura 176,39 ± 5,91 cm, peso 67,13 ±6,70 kg, IMC 21,57 ± 1,82) e andebol masculino (N2=23, média ± DP: idade 20.48 ± 1,08 anos, altura 177,61 ± 5,84 cm, peso 72,91 ± 6,71 kg, IMC 23,12 ± 1,95), que participaram efetivamente em competições interuniversitárias da Guru Nanak Dev University, Amritsar, Índia. Todos os participantes foram informados do objetivo e da metodologia do estudo e aceitaram participar voluntariamente no mesmo. Todos os participantes foram avaliados quanto à altura, peso, força da cintura escapular e força de preensão manual. A altura dos sujeitos foi medida com uma vara antropométrica com uma aproximação de 0,5 cm. O peso dos sujeitos foi medido com uma balança portátil, com uma aproximação de 0,5 kg. A força da cintura escapular foi medida através do arremesso de bolas medicinais, enquanto um dinamómetro de preensão manual calibrado, com pega ajustável, foi utilizado para medir a força de preensão manual direita e esquerda em kg. O teste t de amostras independentes foi aplicado para avaliar as diferenças entre os jogadores de basquetebol e de andebol. Os resultados do presente estudo indicaram que os jogadores de andebol apresentavam uma força da cintura escapular significativamente maior ($p<0,05$), uma força de preensão da mão direita ($p<0,05$) e uma força de preensão da mão esquerda ($p<0,05$) do que os seus homólogos basquetebolistas.

Sharma, R. K., Singh, B., & Singh, K. M. (2014) realizaram um estudo sobre o tema "Construção de normas para uma bateria de testes de aptidão física selecionada como indicador do potencial desportivo dos jogadores de Kabaddi". O objetivo do estudo era construir normas para uma bateria de testes de aptidão física selecionada como indicador do potencial desportivo entre os jogadores de kabaddi. Para efeitos do presente estudo, sessenta (N=60) jogadores de kabaddi da Universidade de Punjabi, Patiala, do sexo masculino, com idades compreendidas entre os 18 e os 25 anos (média ± DP: idade 22,93±1,53 anos, altura 174,33±3,53 m, massa corporal73,30±3,16kg), voluntariaram-se para participar no estudo. O teste de força de preensão manual foi utilizado para medir a força muscular, o teste de salto vertical foi utilizado para medir a potência muscular, o teste de elevação do queixo foi utilizado para medir a resistência muscular, o teste de corrida de 20 metros foi utilizado para medir a velocidade de corrida, o teste de agilidade de Illinois foi utilizado para medir a agilidade de corrida, o teste de salto em comprimento em pé foi utilizado para medir a capacidade de salto, o teste de lançamento de bolas medicinais à cabeça foi utilizado para medir a capacidade de lançamento, o teste de flexibilidade de sentar e alcançar foi utilizado para medir a flexibilidade e o teste de equilíbrio em pé Stork foi utilizado para medir o equilíbrio. Para construir as normas, foi utilizada a escala de percentis. Além disso, as pontuações foram classificadas em cinco graus, ou seja, muito bom, bom, médio, mau e muito mau.

Liao, K. H. (2014) realizou um estudo sobre o tema "Estudo experimental sobre as diferenças de género nas mãos e a sequência de aplicação de força no controlo da preensão e da preensão da mão". O objetivo do estudo era examinar de que forma o género dos jovens adultos de Taiwan afectava a capacidade das suas mãos de aplicar força relativamente à utilização da mão esquerda ou direita e às diferentes sequências de aplicação de força. Foi medida a contração voluntária máxima da preensão (MVCg) e o controlo da preensão da mão (HGC 50%) de 200 participantes. Os resultados do estudo revelaram que o género apresentou diferenças significativas na escala de MVC g, enquanto não se registaram diferenças significativas no HGC 50%. A mão esquerda versus mão direita resultou em diferenças significativas na escala de MVC g, ao passo que não se registaram diferenças significativas na escala de HGC 50%. Os 5 níveis da sequência de aplicação da força não apresentaram diferenças significativas nem no CVM g nem no HGC 50%. Os efeitos interactivos dos 3 factores (sexo, mão e sequência de aplicação da força) não revelaram diferenças significativas. Os resultados do estudo podem servir de referência para a conceção de instrumentos.

Spruit, M. A., Sillen, M. J., Groenen, M. T., Wouters, E. F., & Franssen, F. M. (2013) realizaram um estudo sobre o tema "Novos valores normativos para a força de preensão manual: resultados do Biobanco do Reino Unido". O objetivo do estudo era desenvolver valores normativos para a força de preensão manual direita e esquerda após estratificação para factores de confusão como o sexo, a idade e a altura. Um total de 502.713 pessoas residentes no Reino Unido. A força de preensão manual foi medida utilizando um dinamómetro hidráulico de mão Jamar, considerado um instrumento preciso para medir a força de preensão manual. Além disso, foram registadas as doenças crónicas e a origem étnica declaradas pelos próprios, e a função pulmonar foi avaliada com um espirómetro. Os resultados do estudo mostram que, com mais doenças auto-referidas e/ou uma função pulmonar obstrutiva (definida como FEV1/FVC <0,7), foram obtidos novos valores normativos para a força de preensão manual direita e esquerda de 224 830 e 224 852 indivíduos (54,2% mulheres; idade: 55,0 [8,0] anos; altura: 169,0 [9,2] cm; índice de massa corporal: 26,9 [4,4] kg/m (2)) com um espirómetro sem obstrução (FEV1: 3,0 [0,8] L). Os homens eram mais fortes do que as mulheres. Além disso, foram encontradas associações significativas entre a força de preensão manual e a altura, e entre a força de preensão manual e a idade. Por fim, foram calculados os percentis 5, 10, 25, 50, 75, 90 e 95 para a força de preensão manual direita e esquerda, após estratificação por género, idade e altura. O conjunto de dados do UK Biobank proporcionou a oportunidade de determinar novos valores normativos para a força de preensão manual em homens e mulheres com idades compreendidas entre os 39 e os 73 anos. Estes valores normativos têm em consideração a idade, a altura e o lado da medição. Por conseguinte, estes novos valores normativos da força de preensão manual são de grande interesse clínico.

Kumar, S. K., Kumar, S., Kaur, H., & Singh, H. (2013) realizaram um estudo sobre o tema "Efeito de exercícios de treino com pesos selecionados no desenvolvimento da força dos braços e das pernas de jogadores de kabaddi". O objetivo do estudo era determinar o efeito de exercícios de treino com pesos selecionados no desenvolvimento da força dos braços e das pernas de jogadores de kabaddi. Foram selecionados 40 jogadores de Kabaddi do sexo masculino com idades compreendidas entre os 18 e os 25 anos. A amostra foi selecionada através da técnica de amostragem aleatória de uma universidade profissional encantadora. O treino com pesos foi dado ao grupo experimental, enquanto o grupo de controlo não recebeu qualquer tipo de treino. Os exercícios de musculação selecionados foram dados durante oito semanas ao grupo experimental. A força dos braços e das pernas foi testada através de saltos largos em pé e levantamentos, respetivamente. Os resultados mostraram que os jogadores de Kabaddi que tinham participado no treino com pesos tinham uma força significativamente maior nos braços e nas pernas em comparação com o grupo de controlo. Os resultados indicam que o treino com pesos é eficaz para o desenvolvimento da força dos braços e das pernas dos jogadores de Kabaddi.

Singh, P., & Kang, S. S. (2013) efectuaram um estudo sobre o tema "Relação entre parâmetros antropométricos e de aptidão física de jogadores de Kabaddi do sexo masculino". O objetivo do estudo era determinar a relação entre os parâmetros antropométricos e de aptidão física de jogadores de Kabaddi do sexo masculino. Foram selecionados 20 jogadores de Kabaddi do sexo masculino da Universidade Guru Nanak Dev, Panjab. Foram efectuados doze parâmetros antropométricos e seis testes de aptidão física geral com instrumentos e técnicas normalizados. Os resultados do presente estudo revelaram que os valores médios e os desvios-padrão dos parâmetros antropométricos (ou seja, peso corporal, altura, altura sentada, perímetro do braço, perímetro do antebraço, perímetro da coxa, perímetro da barriga da perna, perímetro da cintura, envergadura do braço, envergadura da mão e comprimento do pé) foram 76.38 ±14,50 kg, 175,49±5,89 cm, 92,16±2,95 cm, 83,20±3,48 cm, 30,87±3,89 cm, 27,42±2,51 cm, 54,65±5,63 cm, 37,23±3,90 cm e 84,70±8,23 cm, 184,88±7,91cm, 24,59±1,46cm e 27,14±1,46cm, respetivamente). A média e o desvio-padrão de seis parâmetros de aptidão física, como a corrida de 30 metros, o salto em comprimento, o salto vertical, a corrida de vaivém, as flexões e os abdominais, foram examinados em 4,64±0,24 segundos, 200,25±47,74 cm, 38,9±4,87 cm, 9,84±0,36 segundos, 33,05±4,70 e 20,70±2,79, respetivamente. Verificou-se que a corrida de

30 metros rasos apresentou uma correlação significativa com o peso corporal (0,64), a altura sentada (0,48), a circunferência da coxa (0,55) e o comprimento do pé (0,70) ao nível de 1% e com a circunferência da cintura (0,423), a envergadura do braço (0,37) e a envergadura da mão (0,46) ao nível de 5%, respetivamente. O salto em comprimento em pé foi significativamente correlacionado com o peso corporal (0,61), a altura na posição sentada (0,54), o comprimento da perna (0,49), o perímetro da coxa (0,59) e o perímetro da barriga da perna (0,63) ao nível de 1%, respetivamente, e os outros parâmetros antropométricos e de aptidão física não apresentaram correlação significativa. Concluiu-se com este estudo que os parâmetros antropométricos e os parâmetros de aptidão física têm um papel significativo na identificação de talentos.

Singh, S., Wallia, P., & Sharma, M. (2013) efectuaram um estudo sobre o tema "Análise comparativa entre jogadores de boxe e de kabaddi em relação às componentes antropométricas e de aptidão física". O objetivo do estudo era comparar os componentes antropométricos e de aptidão física dos jogadores intercolegiais de boxe e de Kabaddi de diferentes faculdades filiadas na Guru Nanak Dev University Panjab. Foram selecionados 30 jogadores masculinos de boxe e de Kabaddi que representavam a equipa universitária da Guru Nanak Dev University Panjab. Os sujeitos foram divididos em dois grupos, quinze (n=15) jogadores de boxe e quinze (n=15) jogadores de Kabaddi. Foi utilizado um teste t independente com um nível de significância de 0,05. Os resultados do estudo mostram que foram encontradas diferenças significativas entre os grupos no comprimento do antebraço (t-2,58*), nas flexões (t-3,76*), nos abdominais (t-4,72*) e nos 600 m (t-4,61*) e não foram encontradas diferenças significativas na altura em pé (t-1,80), no peso corporal (t-0,00), no comprimento do braço (t-1,30), no comprimento do antebraço (t-0.36), comprimento da perna (t-0,86), comprimento da perna superior (t-1,22), comprimento da perna inferior (t- 0,52), largura do peito (t-1,11), largura do peito (exp) (t-0,86), largura da anca (t-1,82), perímetro do braço superior (t- 1.18), perímetro do antebraço (t-1,99), perímetro da barriga da perna (t-0,63) e perímetro da coxa (t-1,17), corrida de vaivém (t- 1,96), 50 m (t-1,08) e salto em comprimento em pé (t-1,97).

Geary, K., Green, B. S., Delahunt, E. (2013) realizaram um estudo sobre o tema "Intrarater reliability of neck strength measurement of rugby union players using a handheld dynamometer" (Fiabilidade do avaliador na medição da força do pescoço de jogadores da união de râguebi utilizando um dinamómetro portátil). O objetivo do estudo foi investigar os perfis de força isométrica do pescoço de jogadores da união de râguebi e avaliar a fiabilidade intrapares da medição da força isométrica do pescoço utilizando um dinamómetro portátil. Vinte e cinco jogadores masculinos, de nível académico, da união de râguebi (avançados [n = 16], defesas [n = 9]) foram testados em 2 ocasiões durante uma semana de treino com 2 dias de intervalo. A força isométrica da musculatura do pescoço foi testada utilizando um dinamómetro portátil, para flexão (F), extensão (E), flexão do lado esquerdo (LSF) e flexão do lado direito (RSF). A média de 3 tentativas para cada posição de teste foi utilizada para análise estatística. Foram obtidos os seguintes valores de força isométrica do pescoço: F, E, F: E, LSF, RSF, LSF: RSF e força isométrica total. Os coeficientes de correlação intraclasse de confiabilidade entre os avaliadores variaram de 0,80 a 0,92 (valores do coeficiente de correlação intraclasse: F, 0,85; E, 0,85; F:E, 0,85; LSF, 0,80; RSF, 0,85; LSF:RSF, 0,91; força isométrica total, 0,92), indicando assim uma excelente fiabilidade em todos os casos. Os atacantes registaram pontuações E significativamente mais elevadas em comparação com os dorsais (637,10 ± 75,15 N vs 537,87 ± 82,25 N). Os atacantes também registaram pontuações de força isométrica total do pescoço significativamente mais elevadas (2151,96 ± 231,11 N vs 1814,21 ± 211,26 N). Os resultados deste estudo fornecem valores de força isométrica do pescoço para as unidades de avançado e costas na união de rugby e indicam que um dinamómetro portátil pode ser uma ferramenta fiável para avaliar a força isométrica do pescoço nesta população.

Pang, M. Y., Yang, F. Z., & Jones, A. Y. (2013) realizaram um estudo sobre o tema "A elasticidade vascular e a força de preensão estão associadas à saúde óssea do rádio hemiparético em pessoas com AVC crónico: implicações para a reabilitação". Os objectivos do estudo foram: (1) comparar a densidade óssea e a geometria da diáfise do rádio do lado esquerdo e do lado direito em pessoas com AVC crónico e em pessoas com idade equivalente (participantes de controlo) e (2) examinar a relação entre o índice de força óssea na diáfise do rádio hemiparético e a saúde vascular em pessoas com AVC crónico. A diáfise do rádio de ambos os lados foi examinada com tomografia computorizada quantitativa periférica em 65 participantes com AVC crónico e 34 participantes de controlo. Os índices de elasticidade das grandes e pequenas artérias foram avaliados com um sistema de perfil cardiovascular. Os resultados do estudo mostram que a diáfise do rádio parético apresentava valores significativamente mais baixos para a densidade mineral óssea cortical, a espessura cortical, a área cortical e o índice de resistência óssea, mas uma área maior da cavidade medular do que a diáfise do rádio não parético em participantes com AVC crónico, ao passo que nenhuma medida óssea mostrou uma diferença significativa de um lado para o outro nos participantes do grupo de controlo. As análises de regressão múltipla mostraram que o índice de elasticidade das grandes artérias e a força de preensão permaneceram significativamente associados ao índice de resistência óssea na diáfise do rádio hemiparético após o controlo da idade, sexo, tempo decorrido desde o diagnóstico do AVC, índice de massa corporal e atividade física (R(2)=.790).

Baldwin, C. E., Paratz, J. D., Bersten, A. D. (2013) realizaram um estudo sobre o tema "Muscle strength assessment in critically ill patients with handheld dynamometry: an investigation of reliability, minimal detectable change, and time to peak force generation" (Avaliação da força muscular em doentes críticos com dinamometria manual: uma investigação da fiabilidade, alteração mínima detetável e tempo até à geração de força máxima). O objetivo do estudo foi determinar a avaliação da força muscular em doentes em estado crítico com dinamometria manual: uma investigação da fiabilidade, da alteração mínima detetável e do tempo para a geração de força máxima. A preensão isométrica da mão, a flexão do cotovelo e a extensão do joelho foram medidas com dinamometria portátil. A consistência interavaliadores (coeficiente de correlação intraclasse [intervalo de confiança de 95%]) (0,782 [0,321-0,930] a 0,946 [0,840-0,982]) e a concordância teste-reteste (0,819 [0,390-0,943] a 0,918 [0,779-0,970]) foram aceitáveis para todas as forças dinamométricas, com exceção da flexão do cotovelo esquerdo. Apesar de uma boa fiabilidade geral, pode ser necessária uma alteração média (intervalo de confiança superior de 95%) de 2,8 (7,8) kg, 1,9 (5,2) kg e 2,6 (7,1) kg em relação à medição da força de base de um doente na preensão direita, flexão do cotovelo e extensão do joelho para refletir alterações reais da força. Verificou-se também um atraso no tempo necessário para os doentes em estado crítico gerarem forças musculares máximas, em comparação com os controlos saudáveis ($P \leq .001$). A dinamometria pode fornecer medições fiáveis em doentes críticos em estado de alerta, mas podem ser necessárias alterações moderadas na força para ultrapassar o erro de medição, durante o período de recuperação aguda. Os défices na temporização da força podem refletir uma diminuição do controlo neuromuscular.

Jagathesan, R., Ganesh kumar, M. (2013) efectuaram um estudo sobre o tema "Construção de normas para o teste de aptidão em Kabaddi". O objetivo do estudo era construir as normas para avaliar o desempenho dos jogadores no jogo de kabaddi. Para o efeito, foram selecionados aleatoriamente quatrocentos jogadores de Kabaddi de nível universitário de várias faculdades do Estado de Tamilnadu, na Índia, com idades compreendidas entre os 18 e os 20 anos. O desempenho dos jogadores de Kabaddi foi avaliado utilizando a bateria de testes de aptidão construída por R. Jagathesan e o Dr. M. Ganesh kumar foi escolhido para este estudo. Os dados, que foram recolhidos através da administração de testes, foram tratados estatisticamente para desenvolver normas para todos os itens do teste. As normas foram construídas utilizando técnicas de percentil e de escala de 6 sigma analisadas através do SPSS. As pontuações foram ainda classificadas em cinco graus: excelente, bom, médio, satisfatório e mau.

Singh, D. (2013) efectuou um estudo sobre o tema "Uma análise do coeficiente de correlação para as competências de kabaddi dos jogadores de kabaddi de nível universitário". O objetivo do estudo era descobrir o Coeficiente de Correlação para as competências de kabaddi selecionadas dos jogadores de kabaddi da Universidade Guru Nanak Dev. Foram selecionados sessenta (N=60) jogadores de Kabaddi de nível universitário, do sexo masculino, com idades compreendidas entre os 18 e os 25 anos. Todos os sujeitos, depois de terem sido informados sobre o objetivo e o protocolo do estudo, deram o seu consentimento e ofereceram-se para participar neste estudo. Os sujeitos foram selecionados propositadamente: Grupo-A: Universidade Guru Nanak Dev, Amritsar (n=60). Os resultados do estudo mostram que os dados, que foram recolhidos através da administração de testes, foram tratados estatisticamente para desenvolver todos os itens do teste. Para estabelecer a fiabilidade dos itens do teste de competências de kabaddi, foi utilizado o método de teste-reteste, aplicando a correlação produto-momento de Pearson, e o investigador tentou também estabelecer a fiabilidade global dos itens do teste de competências de kabaddi. Os resultados mostram que a correlação significativa em relação às competências de Kabbadi para os jogadores de Kabaddi da Universidade Guru Nanak Dev, ou seja, a mão Touch, ToeTouch e Back Kick.

Nikolaidis, P. (2012) realizou um estudo sobre o tema "Desenvolvimento da força muscular isométrica em jogadores de futebol adolescentes". O objetivo do estudo foi determinar o efeito da idade, das caraterísticas antropométricas e da composição corporal na força muscular isométrica de jogadores de futebol adolescentes. Adolescentes do sexo masculino (N=291; 12,01-21 anos), classificados em nove grupos etários de um ano, jogadores infantis (N=16; 7,34-11,97 anos) e adultos (N=30; 21,12-31,59 anos), todos membros de clubes de futebol de competição, realizaram quatro testes de força: preensão manual direita, preensão manual esquerda, tronco e tronco-pernas. A ANOVA unidirecional revelou diferenças significativas entre os grupos etários de crianças, adolescentes e adultos no que respeita à preensão manual direita (F10.326=48,9,P<.001, η2=.6), preensão manual esquerda (F10.326=47,63, P<.001, η2=.59), tronco (F8.249=20.71, P<.001, η2=.4), tronco-pernas (F8,249=19.33, P<.001, η2=.38), e a soma destas quatro medidas expressas quer em termos absolutos (F8,249=25.93, P<.001, η2=.45) quer em termos relativos à massa corporal (F8,249=6.5, P<.001, η2=.17). Para todos os parâmetros acima mencionados, o grupo adulto obteve uma pontuação superior ao grupo adolescente, que teve um melhor desempenho do que o grupo infantil, enquanto os grupos etários no espetro superior da adolescência obtiveram melhores resultados do que os do espetro inferior. As medidas de força muscular isométrica correlacionaram-se moderadamente com a idade (.54< r <.68, P<.001), mesmo após o efeito do tamanho do corpo ter sido dividido (.38< r <.42, P<.001). O aumento total da força isométrica ao longo da adolescência foi menor nos futebolistas do que na população em geral. Uma vez que se verificou uma discrepância entre o desenvolvimento da força muscular nos jogadores de futebol e na população em geral, os nossos dados normativos podem constituir uma ferramenta valiosa para os treinadores e preparadores físicos, de modo a acompanhar o desenvolvimento da força ao longo da adolescência.

De, S., Sengupta, P., Maity, P., Pal, A., & Dhara, P. C. (2011) efectuaram um estudo sobre o tema "Effect of body posture on hand grip strength in adult bengalee population" (Efeito da postura corporal na força de preensão manual na população adulta de Bengala). O objetivo do estudo era avaliar a variação da força de preensão com as alterações da postura e dos ângulos articulares do corpo e estabelecer uma postura corporal e um ângulo articular ideais para a força de preensão máxima na população adulta de Bengala. Participaram neste estudo adultos do sexo masculino (n=156) e feminino (n=224). A força de preensão manual foi medida utilizando o dinamómetro de preensão manual Lafayette. Os resultados do estudo mostram que os indivíduos do sexo masculino tinham uma força de preensão significativamente maior (p<0,001) do que os indivíduos do sexo feminino e que a força de preensão mais elevada foi encontrada na postura de pé com um ângulo de cotovelo de 900, tanto nos indivíduos adultos do sexo masculino como do sexo feminino. A partir dos resultados, pode recomendar-se que a força de preensão da população de Bengala seja medida na postura de pé, com um ângulo de cotovelo de 900, um ângulo de ombro de 1800 e o tronco e o pulso em posições neutras, para proporcionar a força máxima.

Parvatikar, V. B., & Mukkannavar, P. B. (2009) efectuaram um estudo sobre o tema "Estudo comparativo da força de preensão em diferentes posições do ombro e do cotovelo com o pulso em posição neutra e em extensão". O objetivo do estudo era comparar a força de preensão em diferentes posições do ombro e do cotovelo com o pulso em posição neutra e em extensão. Foram selecionados para este estudo 50 indivíduos (25 do sexo masculino e 25 do sexo feminino). Foi utilizado um dinamómetro hidráulico para medir a força de preensão em seis posições de teste em relação ao pulso posicionado em posição neutra e em extensão. Os seis testes de força de preensão consistiram em três posições em que o cotovelo foi mantido em extensão total com vários graus de flexão do ombro (00, 900 e 1800) e outras três posições em que o cotovelo foi mantido em 900 de flexão combinado com vários graus de flexão do ombro (00, 900 e 1800). Apenas a mão dominante foi testada. A pontuação média mais elevada da força de preensão foi registada quando o ombro foi posicionado em 1800 de flexão com o cotovelo em extensão completa em relação ao pulso posicionado em posição neutra (30,20 ± 8,74) e ao pulso em extensão (25,44 ± 7,51), enquanto a pontuação média mais baixa da força de preensão foi registada quando o ombro foi posicionado em 1800 de flexão com o cotovelo em 900 de flexão em relação ao pulso posicionado em posição neutra (21,92 ± 7,45) e ao pulso em extensão (19,40 ± 6,21). Finalmente, a força de preensão diferiu significativamente em ambos os sexos e o estudo mostrou que os homens têm maior força de preensão do que as mulheres no que respeita à posição neutra e em extensão do punho. Essencialmente, o nosso estudo afirma que várias posições articulares podem afetar a força de preensão, especialmente as articulações do cotovelo e do ombro em relação às posições do pulso (neutro e em extensão). Estes resultados podem dar origem a informação clinicamente útil e são valiosos na avaliação e no treino de reabilitação de doentes com lesões na mão.

Khanna, G. L., Majumdar, P., Malik, V., Vrinda, T., & Mandal, M. (1996) efectuaram um estudo sobre o tema "A study of physiological responses during match play in Indian national kabaddi players". O objetivo do estudo era determinar o perfil físico e fisiológico dos jogadores de kabaddi e as exigências fisiológicas de um jogo de kabaddi. A capacidade aeróbica máxima (VO2 max), a ventilação máxima (VE max), o pulso de O2, o equivalente respiratório (RE), a frequência cardíaca máxima e o débito de O2 foram avaliados em 16 jogadores. O somatótipo dos jogadores foi calculado pelo método Health and Carter. A frequência cardíaca foi monitorizada durante um jogo de teste de seleção em oito jogadores que representaram a Índia nos Jogos Asiáticos de 1994. A partir da frequência cardíaca de jogo, o consumo de oxigénio (VO2) foi calculado através de uma equação de regressão entre a frequência cardíaca e o VO2. O lactato máximo foi avaliado a partir das amostras de sangue recolhidas no final do jogo. A frequência cardíaca média e o consumo de oxigénio durante o jogo foram de 146,5 (DP 9,25) batimentos min-1 e 2,25 (0,59) litros min-1, respetivamente. Durante o raid, a frequência cardíaca máxima atingida variou entre 162,4 (11,3) e 177,4 (4,2) batimentos min-1. Em 40 minutos de jogo, um raider atacou em média 8,13 (2,03) vezes. O tempo médio por ataque foi de 20,8 (6,26) s. A frequência cardíaca e o consumo de oxigénio do jogo foram de 72,3-83,3% da frequência cardíaca máxima e 43,570,5% do VO2 max, respetivamente. O lactato máximo no final do jogo foi de 6,13 (2,53) mmol litro-1. Os jogadores de Kabaddi tinham o somatótipo de 2,68-4,71-1,83, com uma força dorsal absoluta de 175,0 kg. O VO2max e o débito de O2 eram de 3,59 (0,36) litros min-1 [47,82 (3,68) ml kg-1 min-1] e 5,3 (1,85) litros (70 ml kg-1), respetivamente. O kabaddi é um desporto intermitente. A pausa de descanso durante o jogo é suficiente para a recuperação. Durante o ataque, a principal fonte de energia é anaeróbia.

Dey, S. K., Khanna, G. L., & Batra, M. (1993) efectuaram um estudo sobre o tema "Estudos morfológicos e fisiológicos sobre jogadores de kabaddi nacionais da Índia". O objetivo do estudo era determinar os estudos morfológicos e fisiológicos dos jogadores de kabaddi nacionais da Índia. Vinte e cinco jogadores nacionais de kabaddi (medalhistas de ouro da Asiad em 1990), com uma idade média de 27,91 anos, que participaram num campo nacional na Autoridade Desportiva da Índia, em Bangalore, antes dos Jogos Asiáticos de Pequim em 1990, foram investigados quanto às suas caraterísticas físicas, gordura corporal, massa corporal magra (LBM) e somatótipo. As caraterísticas fisiológicas avaliadas incluíam a força dorsal, a capacidade máxima de absorção de oxigénio e a capacidade anaeróbica (débito de oxigénio) e os parâmetros cardiorrespiratórios relacionados (pulso de oxigénio, equivalente respiratório, ventilação pulmonar máxima, frequência cardíaca máxima). A gordura corporal foi calculada a partir da espessura das dobras cutâneas registadas em quatro locais diferentes, utilizando o calibrador de dobras cutâneas de Harpenden. Foi efectuado um teste de exercício (protocolo graduado) numa bicicleta ergométrica (ER-900), utilizando um computador EOS Sprint (Jaeger, Alemanha Ocidental). A percentagem média (s.d.) de gordura corporal (17,56(3,48)) dos jogadores de kabaddi foi superior à das pessoas sedentárias normais. O seu físico era mesomorfo endomórfico (3,8-5,2-1,7). A força dorsal média (s.d.), a capacidade máxima de absorção de oxigénio (VO2 max) e o débito de oxigénio foram de 162,6 (18,08) kg, 42,6 (4,91) ml kg-1 min-1 e 5,02 (1,29) litros, respetivamente. As caraterísticas físicas, a percentagem de gordura corporal, o somatótipo, a capacidade máxima de absorção de oxigénio e a capacidade anaeróbica (débito de oxigénio), bem como outros parâmetros cardiorrespiratórios, foram comparados com os de outros atletas nacionais. Os dados actuais são comparáveis aos dados relativos ao judo, à luta livre e ao levantamento de pesos. Uma vez que não foi efectuado nenhum estudo deste tipo com homólogos internacionais, não foi possível comparar estes dados. Estes dados podem servir de orientação para a seleção de futuros jogadores de kabaddi e para atingir um estado fisiológico comparável ao dos actuais medalhados de ouro.

Capítulo 3

PROCEDIMENTO

Neste capítulo, foram descritos a seleção dos sujeitos, a seleção dos itens de teste, as medidas de critério, a administração dos testes e a técnica estatística para a análise dos dados.

Seleção de temas

Para efeitos do estudo, foram selecionados 100 jogadores de Kabaddi do sexo masculino. A idade dos sujeitos variava entre os 18 e os 28 anos.

Seleção de itens de teste

a- Toque do dedo do pé

b- Toque de mão

c- Força de preensão direita d- Força de preensão esquerda e- Força das pernas

f- Força dorsal

g- Trabalho a pé

h- Arrastamento e impulso da perna

Critério Medidas

O critério selecionado foi avaliado através de testes e procedimentos normalizados.

Sl. No.	Variable	Test	Unit of Measurement
1.	Toe Touch Performance	Toe Touch	In Seconds
2.	Hand Touch Performance	Hand Touch	In Seconds
3.	Right Grip Strength	Hand Dynamometer	In Kg
4.	Left Grip Strength	Hand Dynamometer	In Kg
5.	Leg Strength	Leg & Back Dynamometer	In Kg
6.	Back Strength	Leg & Back Dynamometer	In Kg
7.	Footwork Performance	Footwork	In Seconds
8.	Drag & Leg Thrust Performance	Drag & Leg Thrust	In Centimeters

Administração dos testes

Teste do dedo do pé:

Objetivo: Medir o desempenho do toque dos dedos dos pés.

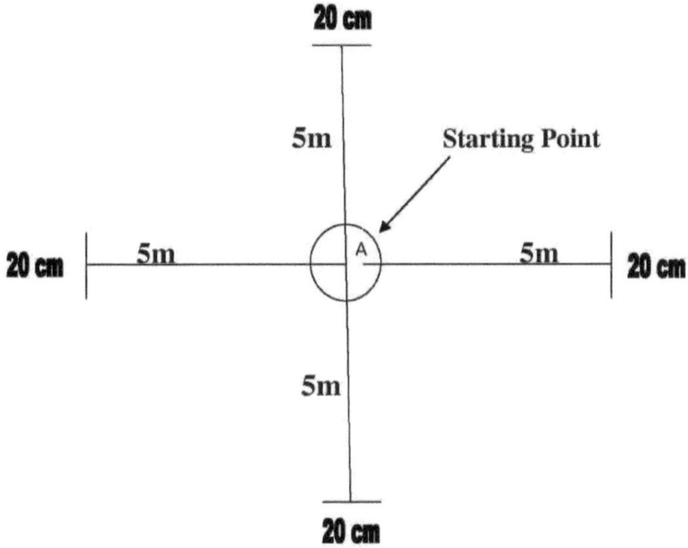

Figura 1: Teste do toque do dedo do pé

Procedimento: O sujeito começou numa posição paralela a partir do ponto de partida (A), virado para a frente. Ao comando, o sujeito deslocou-se para a sua direção esquerda, dando passos laterais, e depois tocou na linha de 20 cm, utilizando o toque dos dedos dos pés. Em seguida, voltava ao ponto de partida dando passos laterais. Em seguida, o sujeito executava o mesmo movimento para o lado direito, virava-se para o lado esquerdo e executava a mesma ação para as direcções esquerda e direita (depois de fazer uma rotação de 90^0 para o lado esquerdo).

Pontuação: O tempo que o sujeito demorou a completar este movimento foi a pontuação e foi registado em segundos.

Teste de toque da mão:

Objetivo: Medir o desempenho do toque manual.

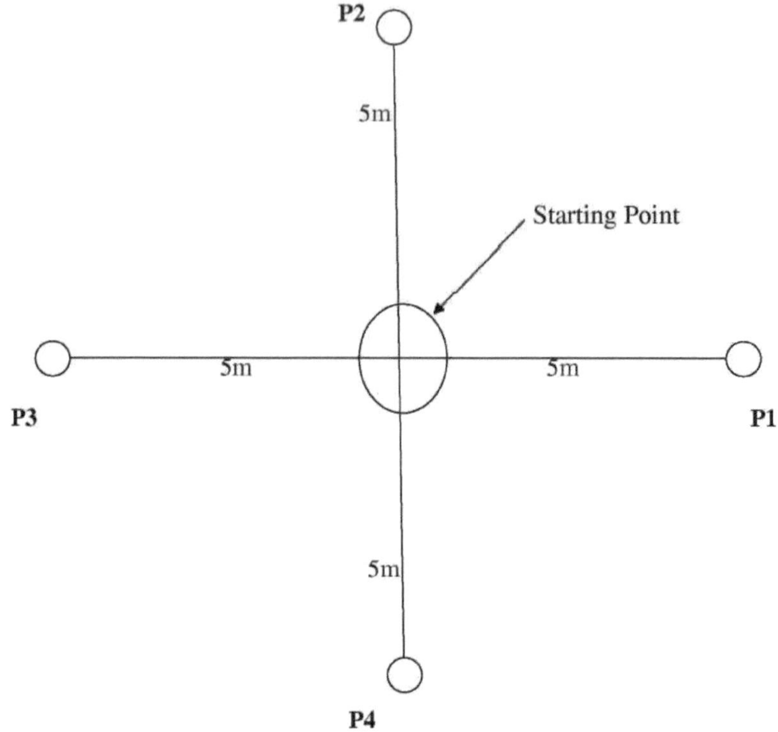

Figura 2: Teste de toque da mão

Procedimento: O sujeito começou em posição paralela a partir do ponto de partida, virado para a frente. Ao comando, o sujeito deslocou-se para a sua direção esquerda, dando passos laterais, e tocou no rapaz (de pé em P1) utilizando o toque da mão. Em seguida, voltava ao ponto de partida, dando passos laterais. Depois de realizar o mesmo movimento para o lado direito, vira-se para o lado esquerdo e executa a mesma ação para a esquerda e para a direita (depois de fazer uma volta de 90^0 para o lado esquerdo).

Pontuação: O tempo que o sujeito demorou a completar este movimento foi a pontuação e foi registado em segundos.

Teste de força de preensão:

Objetivo: Medir a força de preensão dos indivíduos.

Equipamento: Dinamómetro manual

Procedimento: O examinador pegou no canto direito do dinamómetro entre o polegar e o indicador da mão direita e colocou-o na palma da mão do sujeito, de modo a que o bordo convexo do dinamómetro ficasse entre a primeira e a segunda articulações dos dedos e o bordo arredondado ficasse encostado à base da mão. O polegar toca no primeiro dedo. O mostrador do dinamómetro é colocado na mão com a face voltada para baixo. Durante a realização do teste, o cotovelo do sujeito era ligeiramente dobrado e a mão descrevia uma ação de varrimento para baixo enquanto o sujeito apertava o dinamómetro. A mão não podia tocar no corpo, nem em qualquer objeto, durante a realização do teste.

A mão direita foi testada primeiro e depois a esquerda.

Um bolo de carbonato de magnésio estava disponível para polvilhar as mãos.

O indicador foi reposto a zero após cada ensaio.

Foram efectuados três ensaios após um descanso adequado entre eles.

Pontuação: A pontuação foi registada em quilogramas. A melhor pontuação de três pistas foi considerada como o desempenho do sujeito.

Levantamento de pernas:

Objetivo: Medir a força das pernas do sujeito.

Equipamento: Dinamómetro de costas e de pernas.

Procedimento: A força máxima das pernas foi medida através do teste do dinamómetro de pernas. O sujeito segurava a barra com as duas mãos juntas no centro, com as palmas para baixo. De modo a ficarem apoiadas na junção das coxas e do tronco, o sujeito ficou de pé com os pés na mesma posição que nas elevações de costas. Os joelhos são mantidos ligeiramente flectidos. A elevação máxima foi anotada na escala em kg, quando as pernas do sujeito estavam quase rectas no final do esforço de elevação.

Pontuação: A pontuação foi registada em quilogramas. A melhor pontuação entre as três tentativas foi considerada como o desempenho dos sujeitos.

Elevação das costas:

Objetivo: Medir a força dorsal do sujeito.

Equipamento: Dinamómetro de costas e de pernas.

Procedimento: O sujeito fica com o pé na posição correta na base do dinamómetro e o corpo ereto, com as mãos na parte da frente das coxas e os dedos estendidos para baixo. A barra foi estendida para cima pelo investigador até um nível imediatamente abaixo da ponta dos dedos. O indivíduo agarra a pega com firmeza, inclinando-se ligeiramente para a frente na anca, com pegas alternadas, mantendo os joelhos direitos e levantando a barra com firmeza. No final do esforço de elevação, as costas devem ficar quase direitas, a leitura foi anotada em kg na escala do dinamómetro.

Teste de pés:

Objetivo: Medir o desempenho do trabalho de pés.

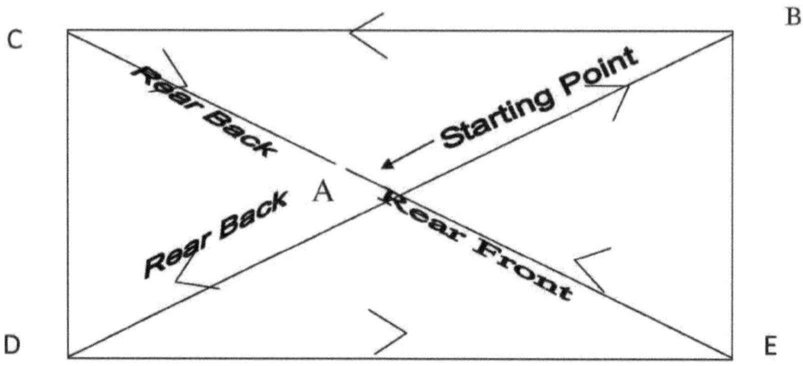

Figura 3: Teste do trabalho de pés

Procedimento: O indivíduo partiu do ponto de partida (A) virado para a frente, sob comando, e dirigiu-se para o ponto B numa ação de Frente Traseira, (o pé de trás seguiu o pé da frente).

Do ponto B moveu-se para o ponto C em ação lateral, do ponto C moveu-se para o ponto A utilizando a ação de retrocesso. Do ponto A, moveu-se para o ponto D utilizando a ação de retrocesso. Do ponto D, moveu-se para o ponto E utilizando a ação lateral. Do ponto E, moveu-se em direção ao ponto A, utilizando a ação Frente traseira.

Pontuação: O tempo que o sujeito levou para completar o movimento foi a pontuação final e foi registado em segundos.

Teste de arrastamento e impulso da perna:

Objetivo: Medir o desempenho do arrasto e do impulso da perna.

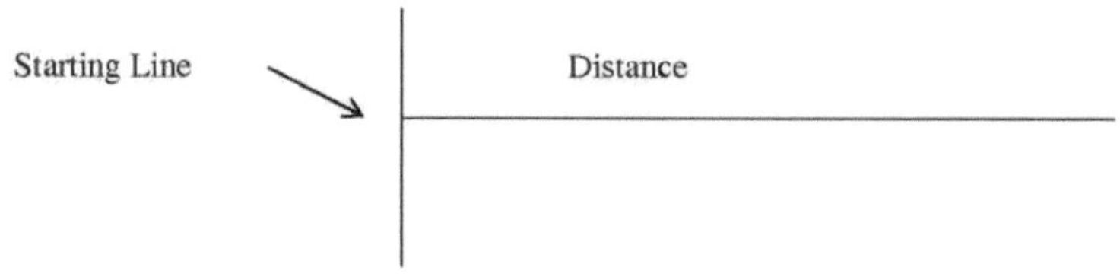

Figura 4: Ensaio de arrastamento e impulso da perna

Procedimento: O indivíduo começa em posição paralela atrás da linha de partida. Ao comando, o indivíduo arrastava-se para o lado esquerdo/direito (dependendo da perna mais forte) o mais que podia e fazia um impulso de perna, sentando-se numa perna e esticando a outra.

Pontuação: A distância entre a linha de partida e o ponto onde tocou com o dedo do pé foi a pontuação final e foi registada em centímetros.

Técnica estatística para análise de dados

1- Para construir o teste de competências em kabaddi, foi utilizada a análise fatorial.

2- O nível de significância foi fixado em 0,05.

Capítulo 4

ANÁLISE DOS DADOS E RESULTADOS DO ESTUDO

A análise estatística dos dados é apresentada neste capítulo. Os itens de teste selecionados, nomeadamente Toe Touch, Hand Touch, Right Grip Strength, Left Grip Strength, Leg Strength, Back Strength, Footwork e Drag & Leg Thrust foram recolhidos em 100 jogadores de kabaddi do sexo masculino a nível estatal.

Para construir o teste de competências em kabaddi, foi utilizada a análise fatorial. A análise fatorial foi efectuada pelo SPSS utilizando os seguintes passos: descrição, extração e rotação. A distribuição normal foi verificada através de estatísticas descritivas, histograma com curva normal, gráfico Q-Q e testes formais. O nível de significância foi fixado em 0,05.

1. Testar a normalidade das pontuações do toque do dedo do pé.

Quadro 1 Estatísticas descritivas dos jogadores de kabaddi relativamente às pontuações do toque do dedo do pé

		Statistic	Std. Error
Mean		13.6491	.08175
95% Confidence Interval for Mean	Lower Bound	13.4869	
	Upper Bound	13.8113	
5% Trimmed Mean		13.6212	
Median		13.3950	
Variance		.668	
Std. Deviation		.81754	
Minimum		12.16	
Maximum		15.80	
Range		3.64	
Interquartile Range		1.11	
Skewness		.563	.241
Kurtosis		-.377	.478

A Tabela 1 revela a assimetria, o erro padrão da assimetria (SES), a curtose e o erro padrão da curtose (SEK) em relação às pontuações do toque do dedo do pé dos jogadores de kabaddi.

Relativamente à normalidade das pontuações do toque do dedo do pé dos jogadores de kabaddi, foram encontrados valores de assimetria e curtose entre o intervalo aceitável de -1 e 1.

Para além das medidas acima mencionadas, o quadro também apresenta a média, o erro padrão da média, o intervalo de confiança de 95% da média, a mediana, a variância, o desvio padrão, as pontuações mínimas e máximas.

Figura 5 Histograma com curva normal das pontuações do toque dos dedos dos pés

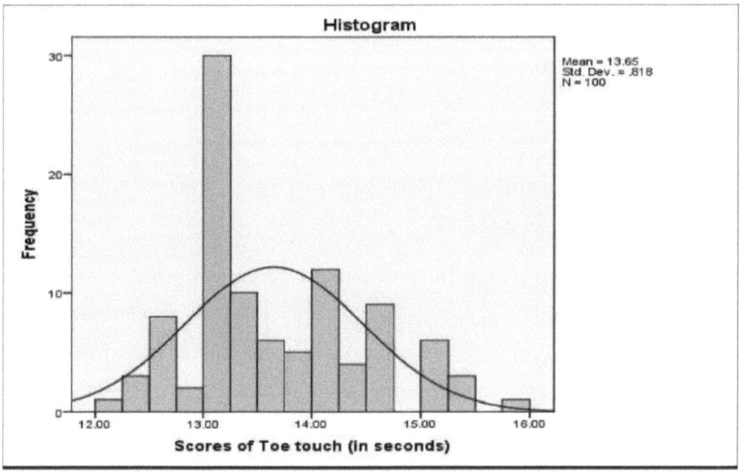

A forma da curva normal na figura 5 mostra a forma simétrica.

Figura 6 Gráfico Q-Q das pontuações do toque dos dedos dos pés

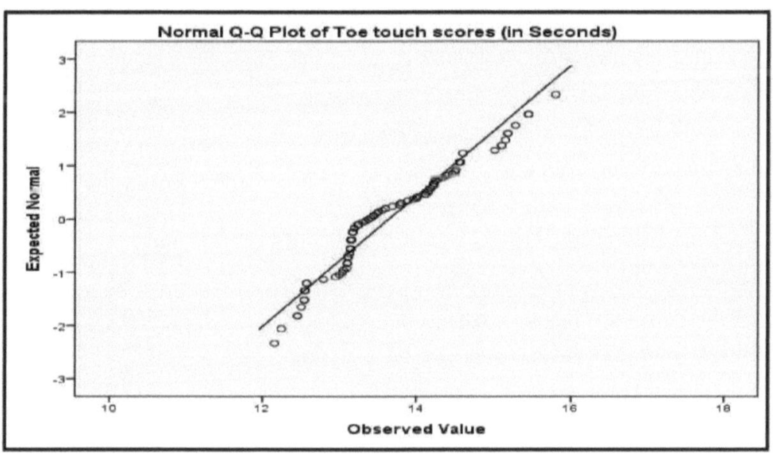

A Figura 6 mostra que todas as pontuações estão dispersas perto de uma linha padrão.

Quadro 2 Resultados dos testes formais para testar a normalidade das pontuações do toque dos dedos dos pés

Tests of Normality						
	Kolmogorov-Smirnov[a]			Shapiro-Wilk		
	Statistic	Df	Sig.	Statistic	df	Sig.
Toe Touch	.157	100	.000	.944	100	.000
a. Lilliefors Significance Correction						

Os testes formais de normalidade (Kolmogorov-Smirnov e Shapiro-Wilk) foram considerados significativos ao nível de significância de 0,05.

No caso da normalidade das pontuações do Toque do dedo do pé, os quatro métodos (estatísticas descritivas, gráfico Q-Q, histograma com curva normal e testes formais) mostram que a normalidade está presente nas pontuações do Toque do dedo do pé, uma vez que o valor da assimetria e da curtose se situam no intervalo exigido de -1 a 1, todas as pontuações se situam perto da linha padrão exigida nos gráficos Q-Q, a forma do histograma com curva normal também é simétrica e ambos os testes formais foram considerados significativos.

As pontuações do toque dos dedos dos pés cumprem os pressupostos da normalidade.

2. Testar a normalidade das pontuações do Hand touch.

Quadro 3 Estatísticas descritivas dos jogadores de kabaddi relativamente às pontuações do toque de mão

		Statistic	Std. Error
Mean		12.5193	.05524
95% Confidence Interval for Mean	Lower Bound	12.4097	
	Upper Bound	12.6289	
5% Trimmed Mean		12.5062	
Median		12.4250	
Variance		.305	
Std. Deviation		.55243	
Minimum		11.36	
Maximum		14.22	
Range		2.86	
Interquartile Range		.78	
Skewness		.534	.241
Kurtosis		.191	.478

A Tabela 3 revela a assimetria, o erro padrão da assimetria (SES), a curtose e o erro padrão da curtose (SEK) em relação às pontuações do toque de mão dos jogadores de kabaddi.

Relativamente à normalidade das pontuações do toque de mão dos jogadores de kabaddi, verificou-se que o valor da assimetria e da curtose se situava entre o intervalo aceitável de -1 e 1.

Para além das medidas acima mencionadas, o quadro também apresenta a média, o erro padrão da média, o intervalo de confiança de 95% da média, a mediana, a variância, o desvio padrão, as pontuações mínimas e máximas.

Figura 7 Histograma com curva normal das pontuações do toque da mão

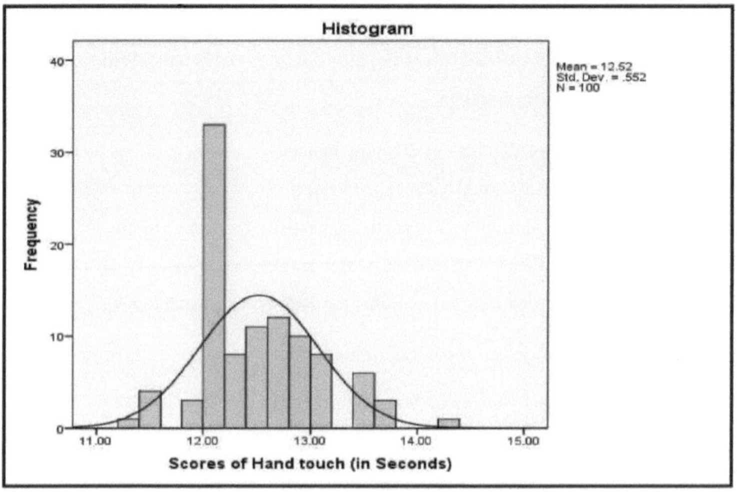

A forma da curva normal na figura 7 mostra uma forma simétrica.

Figura 8 Gráfico Q-Q das pontuações do toque da mão

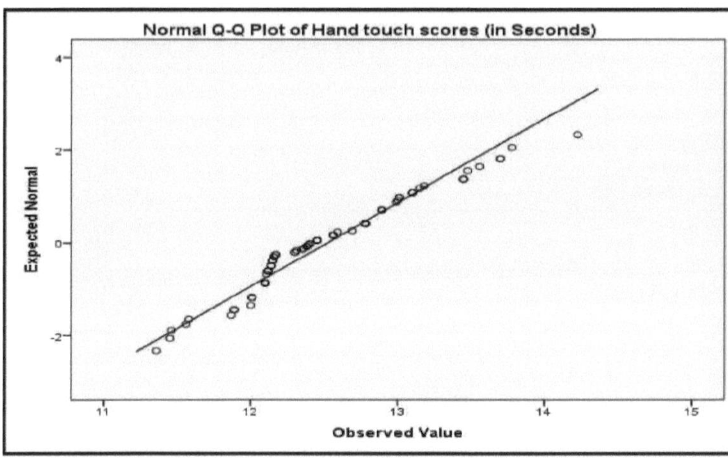

A Figura 8 mostra que todas as pontuações estão dispersas perto de uma linha padrão.

Quadro 4 Resultados dos testes formais para testar a normalidade das pontuações do Hand touch

Tests of Normality						
	Kolmogorov-Smirnov[a]			Shapiro-Wilk		
	Statistic	df	Sig.	Statistic	df	Sig.
Hand Touch	.146	100	.000	.958	100	.003
a. Lilliefors Significance Correction						

Os testes formais de normalidade (Kolmogorov-Smirnov e Shapiro-Wilk) foram considerados significativos ao nível de significância de 0,05.

No caso da normalidade das pontuações do toque manual, os quatro métodos (estatísticas descritivas, gráfico Q-Q, histograma com curva normal e testes formais) mostram que a normalidade está presente nas pontuações do toque manual, uma vez que os valores da assimetria e da curtose se situam no intervalo exigido de -1 a 1, todas as pontuações se situam perto da linha padrão exigida nos gráficos Q-Q, a forma do histograma com curva normal também é simétrica e ambos os testes formais foram considerados significativos.

As pontuações das pontuações do Hand touch cumprem os pressupostos da normalidade.

3. Testar a normalidade dos valores da força de preensão palmar direita.

Quadro 5 Estatísticas descritivas dos jogadores de kabaddi relativamente às pontuações da força de preensão do punho direito

		Statistic	Std. Error
Mean		50.0640	.22360
95% Confidence Interval for Mean	Lower Bound	49.6203	
	Upper Bound	50.5077	
5% Trimmed Mean		50.1544	
Median		50.3000	
Variance		5.000	
Std. Deviation		2.23605	
Minimum		45.20	
Maximum		52.90	
Range		7.70	
Interquartile Range		3.60	
Skewness		-.658	.241
Kurtosis		-.553	.478

A Tabela 5 revela a assimetria, o erro padrão da assimetria (SES), a curtose e o erro padrão da curtose (SEK) em relação às pontuações da força de preensão direita dos jogadores de kabaddi.

Relativamente à normalidade das pontuações da força de preensão palmar direita dos jogadores de kabaddi, verificou-se que a assimetria do valor e a curtose se situavam entre o intervalo aceitável de -1 e 1.

Para além das medidas acima mencionadas, o quadro também apresenta a média, o erro padrão da média, o intervalo de confiança de 95% da média, a mediana, a variância, o desvio padrão, as pontuações mínimas e máximas.

Figura 9 Histograma com curva normal das pontuações da força de preensão direita

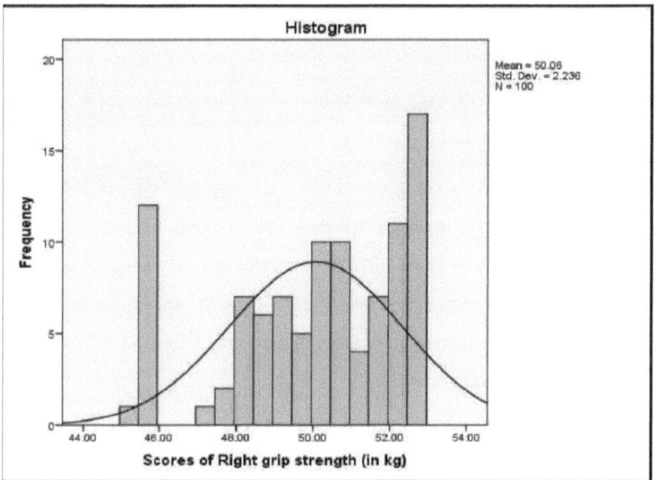

A forma da curva normal na figura 9 mostra uma forma simétrica.

Figura 10 Gráfico Q-Q das pontuações da força de preensão direita

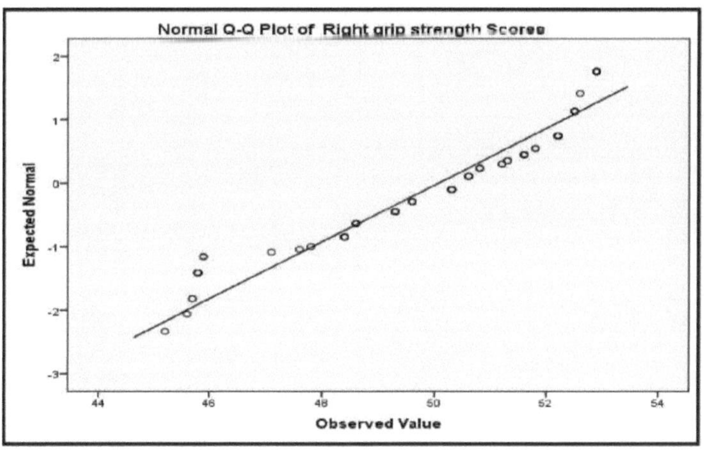

A Figura 10 mostra que todas as pontuações estão dispersas perto de uma linha padrão.

Quadro 6 Resultados dos testes formais para testar a normalidade das pontuações da força de preensão direita

Tests of Normality						
	Kolmogorov-Smirnov[a]			Shapiro-Wilk		
	Statistic	df	Sig.	Statistic	df	Sig.
Right Grip Strength	.132	100	.000	.909	100	.000
a. Lilliefors Significance Correction						

Os testes formais de normalidade (Kolmogorov-Smirnov e Shapiro-Wilk) foram considerados significativos ao nível de significância de 0,05.

No caso da normalidade das pontuações da força de preensão manual direita, os quatro métodos (estatísticas descritivas, gráfico Q-Q, histograma com curva normal e testes formais) mostram que a normalidade está presente nas pontuações da força de preensão manual direita, uma vez que os valores da assimetria e da curtose se situam no intervalo necessário de -1 a 1, todas as pontuações se situam perto da linha padrão necessária nos gráficos Q-Q, a forma do histograma com curva normal também é simétrica e ambos os testes formais foram considerados significativos.

As pontuações da força de preensão direita cumprem os pressupostos de normalidade.

4. Teste de normalidade dos valores da força de preensão palmar esquerda.

Quadro 7 Estatísticas descritivas dos jogadores de kabaddi relativamente às pontuações da força de preensão do punho esquerdo

		Statistic	Std. Error
Mean		35.0179	.23068
95% Confidence Interval for Mean	Lower Bound	34.5602	
	Upper Bound	35.4756	
5% Trimmed Mean		35.1059	
Median		35.9000	
Variance		5.321	
Std. Deviation		2.30680	
Minimum		30.12	
Maximum		38.78	
Range		8.66	
Interquartile Range		3.48	
Skewness		-.690	.241
Kurtosis		-.893	.478

A Tabela 7 revela a assimetria, o erro padrão da assimetria (SES), a curtose e o erro padrão da curtose (SEK) em relação às pontuações da força de preensão esquerda dos jogadores de kabaddi.

Relativamente à normalidade das pontuações da força de preensão palmar esquerda dos jogadores de kabaddi, foram encontrados valores de assimetria e curtose entre o intervalo aceitável de -1 e 1.

Para além das medidas acima mencionadas, o quadro também apresenta a média, o erro padrão da média, o intervalo de confiança de 95% da média, a mediana, a variância, o desvio padrão, as pontuações mínimas e máximas.

Figura 11 Histograma com curva normal das pontuações da força de preensão manual esquerda

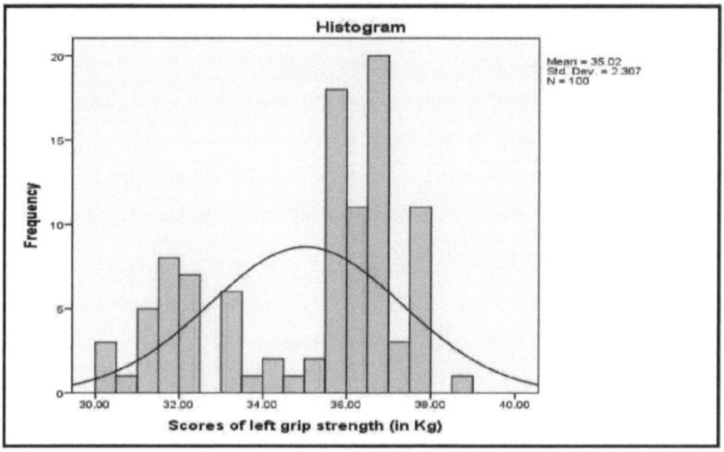

A forma da curva normal na figura 11 mostra uma forma simétrica.

Figura 12 Gráfico Q-Q das pontuações da força de preensão esquerda

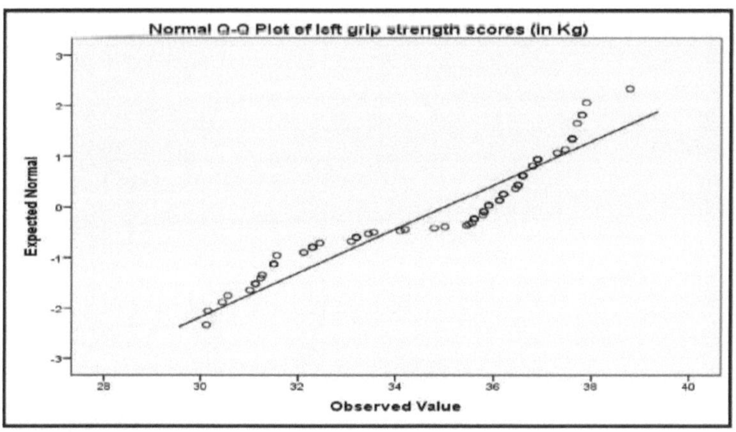

A Figura 12 mostra que todas as pontuações estão dispersas perto de uma linha padrão.

Quadro 8 Resultados dos testes formais para testar a normalidade dos valores da força de preensão manual esquerda

Tests of Normality						
	Kolmogorov-Smirnov[a]			Shapiro-Wilk		
	Statistic	df	Sig.	Statistic	df	Sig.
Left Grip Strength	.224	100	.000	.880	100	.000
a. Lilliefors Significance Correction						

Os testes formais de normalidade (Kolmogorov-Smirnov e Shapiro-Wilk) foram considerados significativos ao nível de significância de 0,05.

No caso da normalidade das pontuações da força de preensão palmar esquerda, os quatro métodos (estatísticas descritivas, gráfico Q-Q, histograma com curva normal e testes formais) mostram que a normalidade está presente nas pontuações da força de preensão palmar esquerda, uma vez que os valores da assimetria e da curtose se situam no intervalo exigido de -1 a 1, todas as pontuações se situam perto da linha padrão exigida nos gráficos Q-Q, a forma do histograma com curva normal também é simétrica e ambos os testes formais foram considerados significativos.

As pontuações da força de preensão manual esquerda cumprem os pressupostos de normalidade.

5. Testar a normalidade dos valores da força das pernas.

Quadro 9 Estatísticas descritivas dos jogadores de kabaddi relativamente às pontuações da força das pernas

		Statistic	Std. Error
Mean		129.5897	.50508
95% Confidence Interval for Mean	Lower Bound	128.5875	
	Upper Bound	130.5919	
5% Trimmed Mean		129.7414	
Median		130.0000	
Variance		25.511	
Std. Deviation		5.05082	
Minimum		112.01	
Maximum		139.60	
Range		27.59	
Interquartile Range		4.80	
Skewness		-.457	.241
Kurtosis		.753	.478

A Tabela 9 revela a assimetria, o erro padrão da assimetria (SES), a curtose e o erro padrão da curtose (SEK) em relação às pontuações da força das pernas dos jogadores de kabaddi.

Relativamente à normalidade das pontuações da força das pernas dos jogadores de kabaddi, foram encontrados valores de assimetria e curtose entre o intervalo aceitável de -1 e 1.

Para além das medidas acima mencionadas, o quadro também apresenta a média, o erro padrão da média, o intervalo de confiança de 95% da média, a mediana, a variância, o desvio padrão, as pontuações mínimas e máximas.

Figura 13 Histograma com curva normal das pontuações de força nas pernas

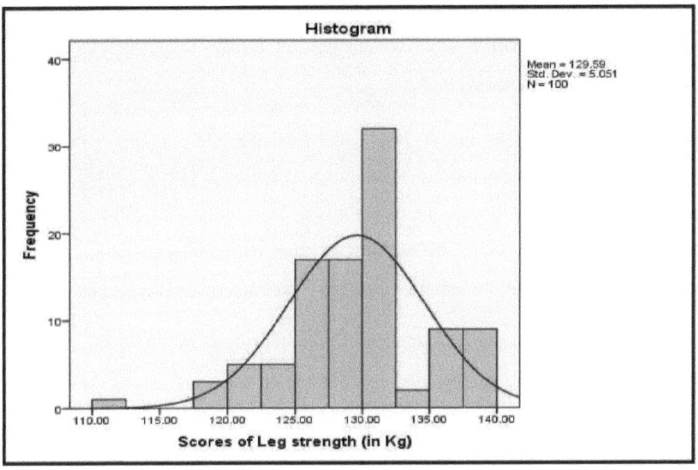

A forma da curva normal na figura 13 mostra a forma simétrica.

Figura 14 Gráfico Q-Q das pontuações da força das pernas

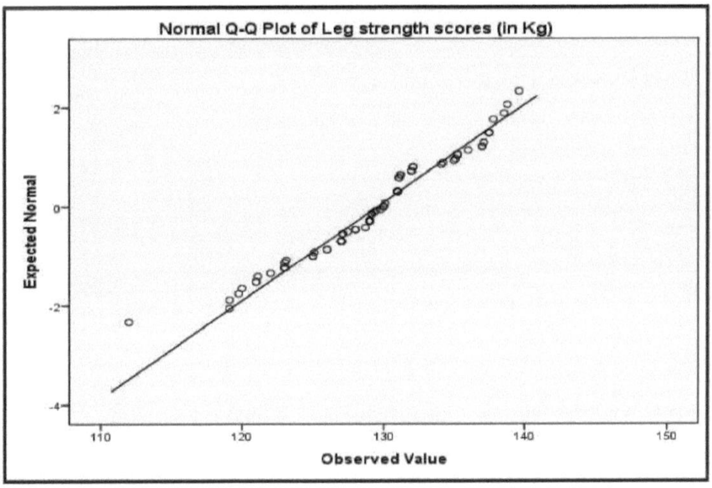

A Figura 14 mostra que todas as pontuações estão dispersas perto de uma linha padrão.

Quadro 10 Resultados dos testes formais para testar a normalidade das classificações da força das pernas

Tests of Normality						
	Kolmogorov-Smirnov[a]			Shapiro-Wilk		
	Statistic	df	Sig.	Statistic	df	Sig.
Leg Strength	.125	100	.001	.961	100	.005
a. Lilliefors Significance Correction						

Os testes formais de normalidade (Kolmogorov-Smirnov e Shapiro-Wilk) foram considerados significativos ao nível de significância de 0,05.

No caso da normalidade das pontuações da força das pernas, os quatro métodos (estatísticas descritivas, gráfico Q-Q, histograma com curva normal e testes formais) mostram que a normalidade está presente nas pontuações da força das pernas, uma vez que os valores da assimetria e da curtose se situam no intervalo exigido de -1 a 1, todas as pontuações se situam perto da linha padrão exigida nos gráficos Q-Q, a forma do histograma com curva normal também é simétrica e ambos os testes formais foram considerados significativos.

As pontuações da força das pernas cumprem os pressupostos da normalidade.

6. Testar a normalidade das pontuações da força de costas.

Quadro 11 Estatísticas descritivas dos jogadores de kabaddi relativamente às pontuações da força dorsal

		Statistic	Std. Error
Mean		133.3322	.41276
95% Confidence Interval for Mean	Lower Bound	132.5132	
	Upper Bound	134.1512	
5% Trimmed Mean		133.5479	
Median		134.0500	
Variance		17.037	
Std. Deviation		4.12761	
Minimum		117.10	
Maximum		140.12	
Range		23.02	
Interquartile Range		5.09	
Skewness		-.907	.241
Kurtosis		1.313	.478

A Tabela 11 revela a assimetria, o erro padrão da assimetria (SES), a curtose e o erro padrão da curtose (SEK) em relação às pontuações da força dorsal dos jogadores de kabaddi.

Relativamente à normalidade das pontuações da força dorsal dos jogadores de kabaddi, foram encontrados valores de assimetria e curtose entre o intervalo aceitável de -1 e 1.

Para além das medidas acima mencionadas, o quadro também apresenta a média, o erro padrão da média, o intervalo de confiança de 95% da média, a mediana, a variância, o desvio padrão, as pontuações mínimas e máximas.

Figura 15 Histograma com curva normal das pontuações da força de costas

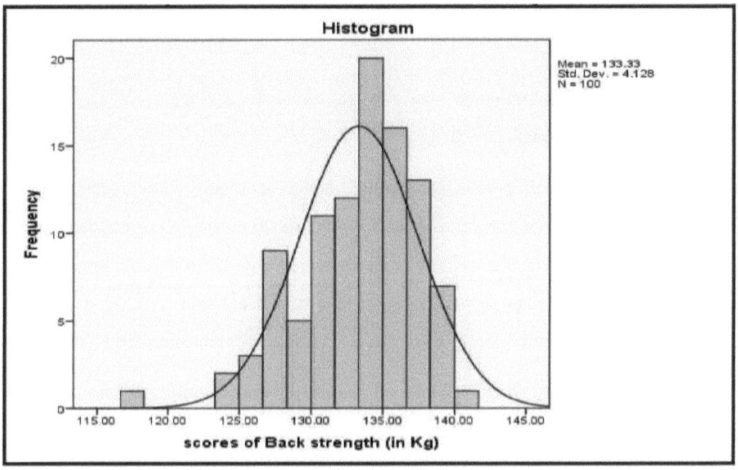

A forma da curva normal na figura 15 mostra a forma simétrica.

Figura 16 Gráfico Q-Q das pontuações da força do dorso

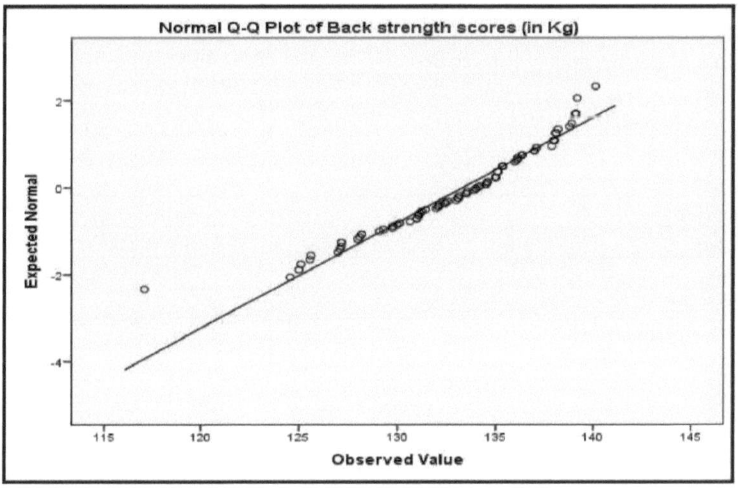

A Figura 16 mostra que todas as pontuações estão dispersas perto de uma linha padrão.

Quadro 12 Resultados dos testes formais para testar a normalidade das pontuações da força de costas

Tests of Normality						
	Kolmogorov-Smirnov[a]			Shapiro-Wilk		
	Statistic	df	Sig.	Statistic	df	Sig.
Back Strength	.097	100	.022	.946	100	.000
a. Lilliefors Significance Correction						

Os testes formais de normalidade (Kolmogorov-Smirnov e Shapiro-Wilk) foram considerados significativos ao nível de significância de 0,05.

No caso da normalidade das pontuações da força dorsal, os quatro métodos (estatísticas descritivas, gráfico Q-Q, histograma com curva normal e testes formais) mostram que a normalidade está presente nas pontuações da força dorsal, uma vez que os valores da assimetria e da curtose se situam no intervalo exigido de -1 a 1, todas as pontuações se situam perto da linha padrão exigida nos gráficos Q-Q, a forma do histograma com curva normal também é simétrica e ambos os testes formais foram considerados significativos.

As pontuações das pontuações da força dorsal cumprem os pressupostos da normalidade.

7. Testar a normalidade dos resultados do trabalho com os pés.

Quadro 13 Estatísticas descritivas dos jogadores de kabaddi relativamente às pontuações do trabalho de pés

		Statistic	Std. Error
Mean		12.8853	.06614
95% Confidence Interval for Mean	Lower Bound	12.7541	
	Upper Bound	13.0165	
5% Trimmed Mean		12.8633	
Median		12.7800	
Variance		.438	
Std. Deviation		.66144	
Minimum		11.35	
Maximum		14.52	
Range		3.17	
Interquartile Range		1.01	
Skewness		.454	.241
Kurtosis		-.145	.478

A Tabela 13 revela a assimetria, o erro padrão da assimetria (SES), a curtose e o erro padrão da curtose (SEK) em relação às pontuações do trabalho de pés dos jogadores de kabaddi.

Relativamente à normalidade das pontuações do jogo de pés dos jogadores de kabaddi, verificou-se que a assimetria e a curtose dos valores se situavam entre o intervalo aceitável de -1 e 1.

Para além das medidas acima mencionadas, o quadro também apresenta a média, o erro padrão da média, o intervalo de confiança de 95% da média, a mediana, a variância, o desvio padrão, as pontuações mínimas e máximas.

Figura 17 Histograma com curva normal das pontuações do trabalho com os pés

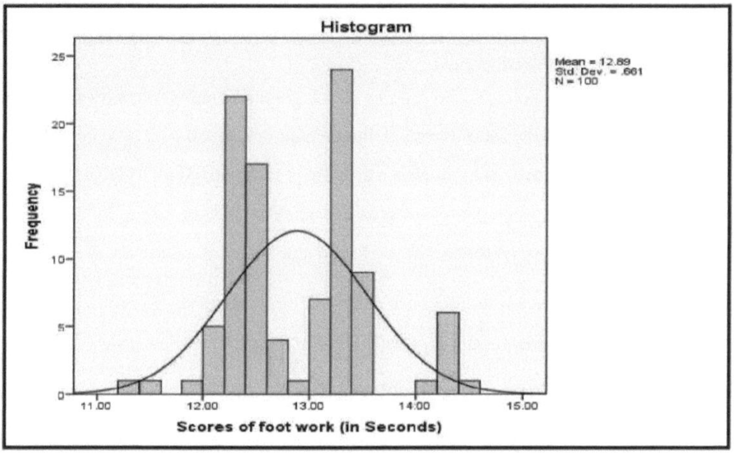

A forma da curva normal na figura 17 mostra a forma simétrica.

Figura 18 Gráfico Q-Q das pontuações do trabalho de pés

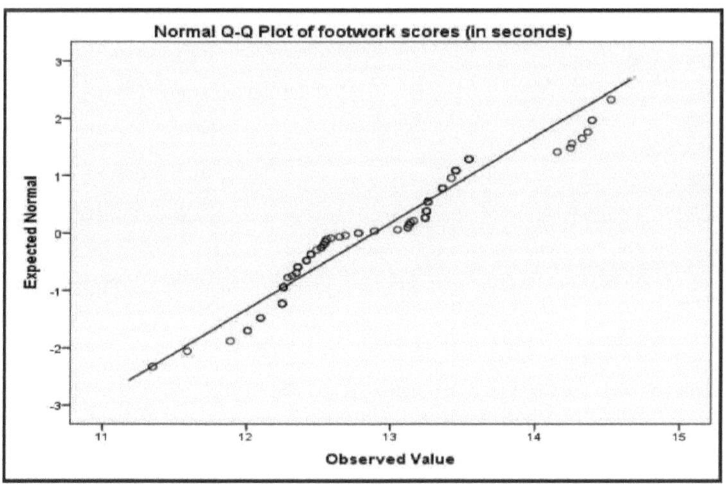

A Figura 18 mostra que todas as pontuações estão dispersas perto de uma linha padrão.

Quadro 14 Resultados dos testes formais para testar a normalidade das classificações do trabalho com os pés

Tests of Normality						
	Kolmogorov-Smirnov[a]			Shapiro-Wilk		
	Statistic	df	Sig.	Statistic	df	Sig.
Footwork	.149	100	.000	.935	100	.000
a. Lilliefors Significance Correction						

Os testes formais de normalidade (Kolmogorov-Smirnov e Shapiro-Wilk) foram considerados significativos ao nível de significância de 0,05.

No caso da normalidade das pontuações do jogo do pé, os quatro métodos (estatísticas descritivas, gráfico Q-Q, histograma com curva normal e testes formais) mostram que a normalidade está presente nas pontuações do jogo do pé, uma vez que os valores da assimetria e da curtose se situam no intervalo exigido de -1 a 1, todas as pontuações se situam perto da linha padrão exigida nos gráficos Q-Q, a forma do histograma com curva normal também é simétrica e ambos os testes formais foram considerados significativos.

As pontuações das pontuações do footwork cumprem os pressupostos da normalidade.

8. Testar a normalidade das pontuações de arrasto e impulsão das pernas.

Quadro 15 Estatísticas descritivas dos jogadores de kabaddi relativamente às pontuações de arrastamento e impulsão da perna

		Statistic	Std. Error
Mean		2.1809	.01142
95% Confidence Interval for Mean	Lower Bound	2.1582	
	Upper Bound	2.2036	
5% Trimmed Mean		2.1818	
Median		2.2050	
Variance		.013	
Std. Deviation		.11425	
Minimum		1.98	
Maximum		2.39	
Range		.41	
Interquartile Range		.16	
Skewness		-.174	.241
Kurtosis		-.950	.478

A Tabela 15 revela a assimetria, o erro padrão da assimetria (SES), a curtose e o erro padrão da curtose (SEK) em relação às pontuações de arrasto e impulsão da perna dos jogadores de kabaddi.

Relativamente à normalidade das pontuações de arrastamento e impulsão da perna dos jogadores de kabaddi, foram encontrados valores de assimetria e curtose entre o intervalo aceitável de -1 e 1.

Para além das medidas acima mencionadas, o quadro também apresenta a média, o erro padrão da média, o intervalo de confiança de 95% da média, a mediana, a variância, o desvio padrão, as pontuações mínimas e máximas.

Figura 19 Histograma com curva normal das pontuações de arrastamento e impulsão das pernas

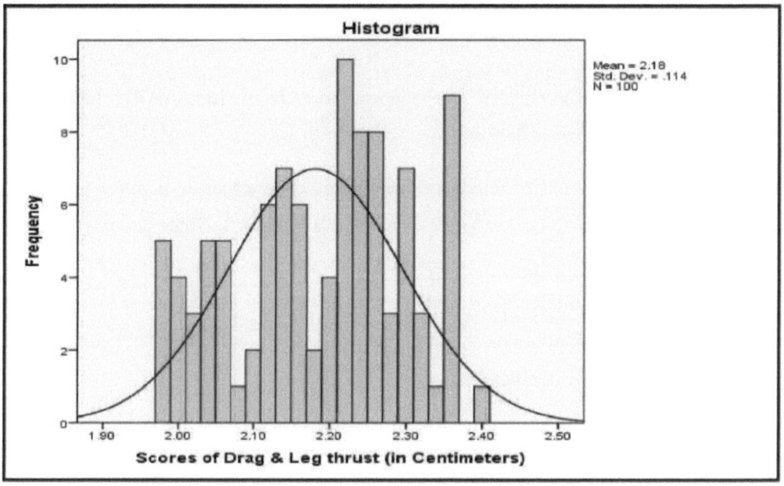

A forma da curva normal na figura 19 mostra uma forma simétrica.

Figura 20 Gráfico Q-Q das pontuações de arrastamento e impulsão das pernas

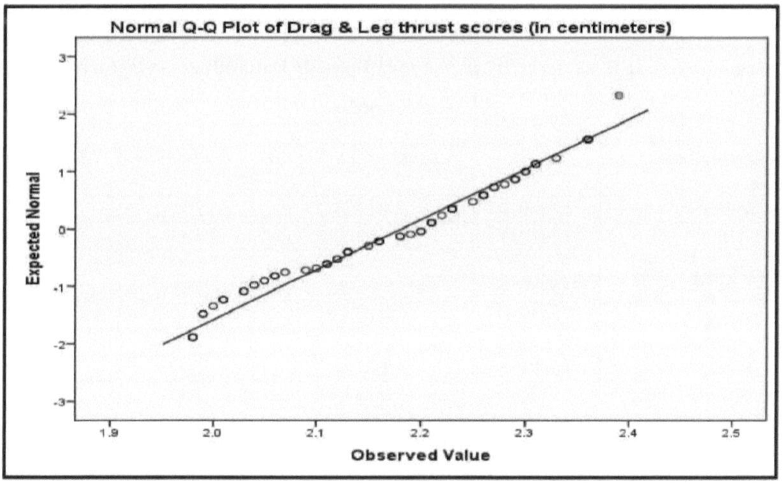

A Figura 20 mostra que todas as pontuações estão dispersas perto de uma linha padrão.

Quadro 16 Resultados dos testes formais para testar a normalidade das pontuações de arrastamento e impulsão das pernas

Tests of Normality						
	Kolmogorov-Smirnov[a]			Shapiro-Wilk		
	Statistic	df	Sig.	Statistic	df	Sig.
Drag & Leg Thrust	.101	100	.014	.958	100	.003
a. Lilliefors Significance Correction						

Os testes formais de normalidade (Kolmogorov-Smirnov e Shapiro-Wilk) foram considerados significativos ao nível de significância de 0,05.

No caso da normalidade das pontuações dos impulsos de arrasto e de pernada, os quatro métodos (estatísticas descritivas, gráfico Q-Q, histograma com curva normal e testes formais) mostram que a normalidade está presente nas pontuações dos impulsos de arrasto e de pernada, uma vez que os valores de assimetria e curtose se situam no intervalo exigido de -1 a 1, todas as pontuações se situam perto da linha padrão exigida nos gráficos Q-Q, a forma do histograma com curva normal também é simétrica e ambos os testes formais foram considerados significativos.

As pontuações do arrasto e do impulso da perna cumprem os pressupostos da normalidade.

ANÁLISE DE FACTORES

Descritivos

Na parte descritiva, foram descritos os resultados relativos à média, desvio padrão, coeficientes, nível de significância, determinante, KMO e BTS.

Quadro - 17 Estatísticas descritivas dos jogadores de kabaddi em relação às variáveis selecionadas

Variables/ Test items	Mean	Standard Deviation	Analysis N	Missing N
Toe Touch	13.6491	.81754	100	0
Hand Touch	12.5193	.55243	100	0
Right Grip Strength	50.0640	2.23605	100	0
Left Grip Strength	35.0179	2.30680	100	0
Leg Strength	129.5897	5.05082	100	0
Back Strength	133.3322	4.12761	100	0
Foot Work	12.8853	.66144	100	0
Drag & Leg Thrust	2.1809	.11425	100	0

A tabela 17 apresenta as estatísticas descritivas dos jogadores de kabaddi. A média e o desvio-padrão do Toe-Touch foram de 13,649 e 0,81, respetivamente. A média e o desvio padrão do Hand-Touch foram de

12,519 e 0,55, respetivamente. A média e o desvio-padrão da força de preensão da mão direita foram de 50,064 e 2,23, respetivamente. A média e o desvio-padrão da força de preensão da mão esquerda foram de 35,017 e 2,30, respetivamente. A média e o desvio-padrão da força das pernas foram de 129,589 e 5,05, respetivamente. Média e desvio-padrão da força das costas, 133,332 e 4,12, respetivamente. A média e o desvio-padrão do trabalho dos pés foram de 12,885 e 0,66, respetivamente. A média e o desvio-padrão da força de arrastamento e de impulsão das pernas foram de 2,180 e 0,11, respetivamente.

Quadro - 18 Matriz de correlação que mostra o coeficiente de correlação e o nível de significância dos jogadores de kabaddi jogadores de kabaddi em todas as variáveis selecionadas

Variables/ Test items		Toe Touch	Hand Touch	Right Grip Strength	Left Grip Strength	Leg Strength	Back Strength	Foot Work	Drag & Leg Thrust
r	Toe Touch	1.000	.464	-.176	.227	-.163	-.233	.014	.038
	Hand Touch	.464	1.000	.081	.098	-.055	-.109	.106	.033
	Right Grip Strength	-.176	.081	1.000	.053	-.138	-.084	-.064	.159
	Left Grip Strength	.227	.098	.053	1.000	-.191	-.259	-.025	-.140
	Leg Strength	-.163	-.055	-.138	-.191	1.000	.872	.059	-.197
	Back Strength	-.233	-.109	-.084	-.259	.872	1.000	-.020	-.201
	Foot Work	.014	.106	-.064	-.025	.059	-.020	1.000	.074
	Drag& Leg Thrust	.038	.033	.159	-.140	-.197	-.201	.074	1.000
Sig. (1-tailed)	Toe Touch		.000	.040	.012	.052	.010	.446	.354
	Hand Touch	.000		.211	.165	.292	.141	.148	.373
	Right Grip Strength	.040	.211		.300	.085	.204	.263	.057
	Left Grip Strength	.012	.165	.300		.028	.005	.404	.083
	Leg Strength	.052	.292	.085	.028		.000	.280	.025
	Back Strength	.010	.141	.204	.005	.000		.422	.023
	Foot Work	.446	.148	.263	.404	.280	.422		.231
	Drag & Leg Thrust	.354	.373	.057	.083	.025	.023	.231	
a. Determinant = .121									

Foi encontrada uma relação significativa entre o toque dos pés e o toque das mãos (r=.464, p=.000); o toque dos pés e a força de preensão direita (r= -.176, p=.040); o toque dos pés e a força de preensão esquerda (r=.227, p=.012); o toque dos pés e a força das costas (r= -.233, p=.010); a força das pernas e a força de preensão esquerda (r= -.191, p=.028); força das costas e força de preensão manual esquerda (r= -.259, p=.005); força das costas e força das pernas (r=.872, p=.000), força das pernas e força de arrasto e impulso das pernas (r= - .197, p=.025) e força das costas e força de arrasto e impulso das pernas (r= -.201, p=.023), respetivamente.

Foi encontrada uma relação insignificante entre o toque dos dedos dos pés e a força das pernas (r= -.163, p=.052); o toque dos dedos dos pés e o trabalho de pés (r=.014, p=.446); o toque dos dedos dos pés e a impulsão de arrasto e de pernas (r= .038, p=.354); o toque das mãos e a força de preensão direita (r=.081, p=.211); o toque das mãos e a força de preensão esquerda (r=.098, p=.165); toque de mão e força de pernas (r= -.055, p=.292); toque de mão e força de costas (r= -.109, p=.141); toque de mão e trabalho de pés (r=.106, p=.148); toque de mão e força de arrasto e de pernas (r=.033, p=.373); força de preensão direita e força de preensão esquerda (r=.053, p=.300); força de preensão direita e força de pernas (r= -.138, p=.085); força de preensão direita e força de costas (r= -.084, p=.204); força de preensão direita e trabalho de pés (r= -.064, p=.263); força de preensão direita e força de arrasto e impulsão de pernas (r= .159, p=.057); força de preensão esquerda e footwork (r= -.025, p=.404); força de preensão esquerda e drag & leg thrust (r= -.140, p=.083); força de pernas e footwork (r=.059, p=.280); força de costas e footwork (r= -.020, p=.422) e footwork e Drag & leg thrust (r=.074, p=.231) respetivamente.

É necessário um valor determinante mínimo de 0,00001 para evitar a multicolinearidade e a singularidade. Nas condições actuais, obteve-se um valor determinante de 0,121. Este valor é superior ao valor exigido de 0,0001. Isto prova que a multicolinearidade e a singularidade não constituem um problema para os dados.

Tabela - 19 Medida KMO e BTS, relacionada com todas as variáveis selecionadas dos jogadores de kabaddi

KMO and Bartlett's Test		
Kaiser-Meyer-Olkin Measure of Sampling Adequacy.		.515
Bartlett's Test of Sphericity	Approx. Chi-Square	202.026
	df	28
	Sig.	.000

KMO (Kaiser-Meyer-Olkin) é uma medida para testar a adequação da amostragem. O BTS (Bartlett's Test of Sphericity) é uma medida para testar a hipótese nula de que a matriz obtida é uma matriz de identidade. O valor de KMO varia de 0 a 1. Zero indica que a soma das correlações parciais indica difusão no padrão de correlação e, nesta condição, pode concluir-se que a análise fatorial é adequada. Um valor próximo de 1 indica que o padrão de correlação está a relacionar-se de forma compacta, pelo que a análise fatorial é adequada. Neste estudo, o valor de KMO foi de .515, ou seja, mais próximo de 1 em comparação com 0. Isto mostra que os factores desenvolvidos são fiáveis. Já estão disponíveis normas no caso do KMO.

Value of KMO	Level of sample adequacy
Between 0.5 and 0.7	Mediocre
Between 0.7 and 0.8	Good
Between 0.8 and 0.9	Great
Above 0.9	Superb

De acordo com as normas, no presente estudo, a adequação da amostra foi considerada medíocre. No presente estudo, o BTS (Bartlett's Test of Sphericity) foi considerado significativo (p=.000). Este facto mostra que a matriz de correlação não é uma matriz de identidade. Isto significa que existem relações idênticas entre as variáveis. Por conseguinte, a análise fatorial é adequada.

Extração

Na extração, foram descritos os seguintes resultados.

a) Valores próprios antes da extração, depois da extração e depois da rotação.

b) Comunalidades iniciais e comunalidades após extração.

c) Matriz de componentes antes da rotação.

d) Gráfico Scree

Tabela - 20 Variância total explicada em relação a todos os componentes, incluindo a quantidade de variância contribuída por cada componente

Component	Initial Eigenvalues			Extraction Sums of Squared Loadings			Rotation Sums of Squared Loadings		
	Total	% of Variance	Cumulative %	Total	% of Variance	Cumulative %	Total	% of Variance	Cumulative %
1	2.212	27.644	27.644	2.212	27.644	27.644	2.015	25.189	25.189
2	1.441	18.018	45.662	1.441	18.018	45.662	1.533	19.166	44.354
3	1.174	14.681	60.343	1.174	14.681	60.343	1.166	14.580	58.935
4	1.025	12.813	73.156	1.025	12.813	73.156	1.138	14.221	73.156
5	.920	11.504	84.660						
6	.690	8.623	93.283						
7	.419	5.242	98.525						
8	.118	1.475	100.000						
Extraction Method: Principal Component Analysis.									

A Tabela 20 mostra a quantidade de variância contribuída por cada componente.

A primeira parte do quadro 20 explica os valores próprios iniciais de cada componente.

O primeiro componente é o que explica mais, ou seja, 27,644%. O segundo componente explica 18,018% e o total do primeiro e segundo componentes foi de 45,662%. A terceira componente explica 14,681% e o total da primeira, segunda e terceira componentes é de 60,343%. A quarta componente explica 12,813% e o total da primeira, segunda, terceira e quarta componentes é de 73,156%. A quinta componente explica 11,504% e o total da primeira, segunda, terceira, quarta e quinta componentes é de 84,660%. O sexto componente explica 8,623% e o total do primeiro, segundo, terceiro, quarto, quinto e sexto componentes foi de 93,283%. A sétima componente explica 5,242% e o total da primeira, segunda, terceira, quarta, quinta, sexta e sétima componentes é de 98,525%. O oitavo componente explica 1,475% e o total do primeiro, segundo, terceiro, quarto, quinto, sexto, sétimo e oitavo componentes foi de 100,00%.

A segunda parte do quadro 20 explica os valores próprios após a extração. Neste caso, os componentes com valores próprios inferiores a um são eliminados.

A terceira parte da tabela-20 explica os valores próprios após a rotação. Nesta percentagem, a variância é igualada.

Quadro - 21 Comunalidades iniciais e após extração de todas as variáveis selecionadas

Variables/ Test items	Initial	Extraction
Toe Touch	1.000	.719
Hand Touch	1.000	.798
Right Grip Strength	1.000	.852
Left Grip Strength	1.000	.537
Leg Strength	1.000	.899
Back Strength	1.000	.916
Footwork	1.000	.492
Drag & Leg Thrust	1.000	.639
Extraction Method: Principal Component Analysis.		

O quadro 21 apresenta as comunalidades (inicial e após extração).

No caso do toque do dedo do pé, 0,71% da variância associada a esta variável é comum ou partilhada.

No caso do toque das mãos, 0,79% da variância associada a esta variável é comum ou partilhada.

No caso da força de preensão direita, 0,85% da variância associada a esta variável é comum ou partilhada.

No caso da força de preensão manual esquerda, 0,53% da variância associada a esta variável é comum ou partilhada.

No caso da força das pernas, 0,89% da variância associada a esta variável é comum ou partilhada.

No caso da força das costas, 0,91% da variância associada a esta variável é comum ou partilhada.

No caso do trabalho de pés, 0,49% da variância associada a esta variável é comum ou partilhada.

No caso do arrasto e do impulso das pernas, 0,63% da variância associada a esta variável é comum ou partilhada.

Quadro - 22 Matriz de componentes antes da rotação

Variables/ Test items	Component			
	1	2	3	4
Toe Touch		.686		
Hand Touch		.620		
Right Grip Strength				.772
Left Grip Strength			-.501	
Leg Strength	.862			
Back Strength	.898			
Footwork			.537	
Drag and Leg Thrust			.654	
Extraction Method: Principal Component Analysis.				
a. 4 components extracted.				

A Tabela - 22 mostra que foram extraídos quatro componentes.

No primeiro componente, são selecionadas a força das pernas e a força das costas.

No segundo componente, são selecionados o toque do dedo do pé e o toque da mão.

Na terceira componente, são selecionados a força de preensão do punho esquerdo, o trabalho de pés e o impulso de arrasto e de perna.

No quarto componente, é selecionada a força de preensão direita.

Figura- 21 Gráfico Scree mostrando a inflexão na curva

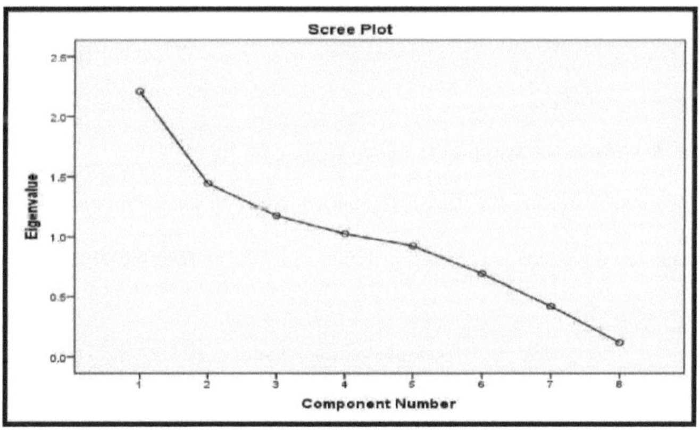

A figura 21 do scree plot mostra a inflexão da curva relativa a cada componente pelos valores próprios, sendo retidos 4 factores.

É muito difícil reter o componente com a ajuda do gráfico scree. Mas o scree plot sugere que dois ou três factores podem ser retidos.

Rotação

Na rotação, foi descrito o resultado relacionado com a matriz de componentes rodados.

Tabela- 23 Matriz de componentes rodados relacionada com os componentes retidos (factores)

Variables/ Test items	Component			
	1	2	3	4
Toe Touch		.792		
Hand Touch		.871		
Right Grip Strength				.921
Left Grip Strength			-.591	
Leg Strength	.944			
Back Strength	.950			
Footwork			.599	
Drag And Leg Thrust			.668	
Extraction Method: Principal Component Analysis. Rotation Method: Varimax with Kaiser Normalization.				
a. Rotation converged in 5 iterations.				

A Tabela-23 mostra a matriz de componentes rodados. Esta matriz retém o mesmo componente que a matriz de componentes não rodada.

No primeiro componente, são selecionadas a força das pernas e a força das costas.

No segundo componente, são selecionados o toque do dedo do pé e o toque da mão.

Na terceira componente, são selecionados a força de preensão do punho esquerdo, o trabalho de pés e o impulso de arrasto e de perna.

No quarto componente, é selecionada a força de preensão direita.

A primeira componente é designada por "**força relacionada com o desempenho no Kabaddi**".

A segunda componente é designada por "**Desempenho dos jogadores de kabaddi em termos de competências**".

A terceira componente é designada por "**Desempenho dos jogadores de kabaddi em termos de aptidão física e de competências**".

A quarta componente é ignorada pelo investigador, uma vez que esta componente tem apenas uma variável.

Resultados do estudo

Com a ajuda de três componentes (factores), o desempenho específico dos jogadores de kabaddi pode ser medido. Os pormenores são apresentados a seguir:

Sl. No of factor/ Component	Objectives	Test Items
One	To measure Kabaddi performance related strength	Leg Strength Bach Strength
Two	To measure Skill related performance of kabaddi players	Toe-Touch Hand Touch
Three	To measure Fitness and skill related performance of kabaddi players	Left Grip Strength Footwork Drag & Leg Thrust

Capítulo 5

RESUMO, CONCLUSÕES E RECOMENDAÇÕES

Resumo

O objetivo do estudo era construir um teste de competências no Kabaddi. Para efeitos do estudo, foram selecionados como sujeitos 100 jogadores de Kabaddi do sexo masculino. A idade dos sujeitos variava entre os 18 e os 28 anos.

O estudo foi efectuado com base na literatura disponível sobre competências específicas do kabaddi e força muscular e nos resultados dos testes dos estudos de investigação relacionados. Tendo em conta o objetivo específico do estudo, foram selecionados os seguintes itens de teste: Toque dos dedos dos pés, toque das mãos, força de preensão direita, força de preensão esquerda, força das pernas, força das costas, trabalho dos pés e impulso de arrasto e de perna.

O desempenho do toque dos dedos dos pés foi medido utilizando o teste do toque dos dedos dos pés e o tempo foi registado em segundos. O desempenho do toque da mão foi medido utilizando o teste do toque da mão e o tempo foi registado em segundos. A força de preensão direita foi medida utilizando o teste do dinamómetro de mão e a unidade foi registada em quilogramas mais próximos. A força de preensão da mão esquerda foi medida com o teste do dinamómetro de mão e a unidade foi registada em quilogramas. A força das pernas foi medida com o teste do dinamómetro de pernas e a unidade foi registada em quilogramas. A força das costas foi medida através do teste do dinamómetro de costas e a unidade foi registada em quilogramas. O desempenho do trabalho de pés foi medido através do teste do trabalho de pés e o tempo foi registado em segundos. O desempenho do arrasto e da impulsão das pernas foi medido através do teste de arrasto e impulsão das pernas e a distância foi registada em centímetros.

Para construir o teste de competências em kabaddi, foi utilizada a análise fatorial. A análise fatorial foi efectuada pelo SPSS utilizando os seguintes passos: descrição, extração e rotação. A distribuição normal foi verificada através de estatísticas descritivas, histograma com curva normal, gráfico Q-Q e teste formal. O nível de significância foi fixado em 0,05.

Conclusões

Foram tiradas as seguintes conclusões:

1) O primeiro componente é designado por "força relacionada com o desempenho do kabaddi" e consiste na força das pernas e na força das costas.
2) A segunda componente é designada por "desempenho dos jogadores de kabaddi relacionado com as competências" e consiste no toque dos dedos dos pés e no toque das mãos.
3) A terceira componente é designada por "desempenho físico e de competências dos jogadores de kabaddi" e consiste na força do punho esquerdo, no trabalho de pés e no arrastamento e impulso das

pernas.

Recomendações

1) O mesmo tipo de estudo pode ser repetido em indivíduos do sexo feminino.

2) O mesmo tipo de estudo pode ser efectuado com outras variáveis.

3) Pode ser efectuado um estudo semelhante com os jogadores de Kabaddi de outros grupos etários.

4) O mesmo tipo de estudo pode ser efectuado com outros jogadores de jogos diferentes.

5) Um tipo de estudo semelhante pode ser efectuado a diferentes níveis, ou seja, jogadores de Kabaddi a nível estatal, nacional e internacional.

6) Os factores/componentes são recomendados para medir o desempenho específico dos jogadores de kabaddi.

APÊNDICE

PONTUAÇÕES BRUTAS DOS JOGADORES DE KABADDI EM RELAÇÃO A DIFERENTES ITENS DE TESTE

Sr. No.	Test Items							
	Toe Touch (Sec.)	Hand Touch (Sec.)	Right Grip Strength (Kg.)	Left Grip Strength (Kg.)	Leg Strength (Kg.)	Back Strength (Kg.)	Foot Work (Sec.)	Drag & Leg Thrust (Cms.)
1	15.10	12.39	49.30	37.70	125.00	129.10	13.05	2.39
2	15.45	13.45	52.50	37.80	120.00	125.10	13.54	2.31
3	14.34	12.38	50.60	37.30	121.00	132.00	12.25	2.36
4	14.51	14.22	50.30	37.60	128.70	131.15	12.59	2.19
5	14.12	13.18	51.80	38.78	123.01	127.16	12.26	2.10
6	15.18	13.45	51.60	36.60	130.10	133.00	14.25	2.01
7	14.56	12.45	52.50	36.50	112.01	117.10	12.45	2.26
8	14.01	13.45	52.60	36.80	122.01	127.15	12.78	2.36
9	15.45	13.10	49.60	36.90	127.00	130.12	13.36	2.22
10	13.69	12.12	48.60	35.60	123.00	127.16	12.10	2.33
11	13.45	12.89	48.40	35.90	119.10	125.56	13.45	1.99
12	13.41	12.12	47.60	37.89	121.00	124.56	12.35	2.20
13	15.15	12.36	47.80	34.20	123.00	128.10	13.45	2.21
14	14.18	12.31	47.10	36.20	126.00	129.78	12.78	2.23
15	14.12	12.56	48.60	32.30	127.00	131.00	11.59	2.36
16	14.22	12.17	45.60	33.20	128.00	131.00	13.12	2.18
17	14.18	13.01	45.20	33.56	126.00	133.56	12.36	2.27
18	15.01	12.89	45.80	31.56	127.00	132.45	12.01	2.00
19	13.16	12.69	45.90	36.12	130.00	135.10	13.24	2.20
20	13.56	12.56	45.70	33.10	129.00	133.10	13.26	2.01

APÊNDICE (continuação)

PONTUAÇÕES BRUTAS DOS JOGADORES DE KABADDI EM RELAÇÃO A DIFERENTES ITENS DE TESTE

Sr. No.	Test Items							
	Toe Touch (Sec.)	Hand Touch (Sec.)	Right Grip Strength (Kg.)	Left Grip Strength (Kg.)	Leg Strength (Kg.)	Back Strength (Kg.)	Foot Work (Sec.)	Drag & Leg Thrust (Cms.)
21	13.80	12.89	50.80	36.45	131.00	138.10	13.16	2.04
22	14.56	12.78	51.20	34.79	131.00	135.00	12.56	2.05
23	12.46	11.56	51.30	30.56	129.00	132.14	13.26	2.30
24	14.24	13.45	52.20	35.50	127.00	129.75	13.36	2.29
25	13.45	12.56	52.90	37.80	135.10	136.36	12.36	2.28
26	12.25	11.45	50.80	31.50	129.00	134.10	12.36	2.30
27	14.56	12.89	51.20	36.20	130.00	133.10	13.54	2.31
28	14.39	13.70	51.30	32.30	129.00	132.40	12.25	2.16
29	13.16	12.78	52.20	33.20	131.10	135.10	12.26	2.04
30	14.56	13.70	52.90	32.12	132.00	136.10	13.13	2.11
31	13.35	11.46	45.80	37.46	131.00	134.59	13.25	2.23
32	13.96	11.87	45.90	36.60	127.00	131.00	12.45	1.98
33	14.23	12.45	45.70	36.50	125.00	129.30	13.45	2.05
34	14.56	12.45	50.80	36.80	129.00	135.36	13.36	2.27
35	14.15	13.10	49.60	36.90	135.25	137.00	14.15	2.13
36	14.16	12.89	48.60	35.60	139.60	136.36	13.36	2.13
37	15.18	13.48	48.40	35.90	138.55	133.50	12.26	2.26
38	15.28	13.78	49.30	35.80	137.80	137.10	13.24	2.20
39	13.50	11.89	52.50	31.50	130.00	134.50	12.26	2.29
40	13.78	11.89	50.60	37.60	131.20	130.66	13.25	1.98

APÊNDICE (continuação)

PONTUAÇÕES BRUTAS DOS JOGADORES DE KABADDI EM RELAÇÃO A DIFERENTES ITENS DE TESTE

Sr. No.	Test Items							
	Toe Touch (Sec.)	Hand Touch (Sec.)	Right Grip Strength (Kg.)	Left Grip Strength (Kg.)	Leg Strength (Kg.)	Back Strength (Kg.)	Foot Work (Sec.)	Drag & Leg Thrust (Cms.)
41	13.51	12.78	49.30	37.60	129.33	131.25	12.52	2.03
42	13.25	12.78	52.50	36.60	127.00	134.00	12.69	2.21
43	13.38	12.78	50.60	31.23	127.10	131.10	12.36	2.03
44	14.28	12.14	50.30	30.12	137.50	138.00	13.36	2.36
45	15.10	12.35	51.80	36.60	129.00	132.10	12.26	2.06
46	14.56	12.78	51.60	36.50	119.78	125.61	13.13	2.36
47	12.80	12.40	52.50	37.30	131.00	138.20	12.10	2.15
48	14.50	12.10	52.20	37.60	129.78	135.36	12.26	2.25
49	14.60	12.16	52.90	37.60	131.00	137.00	12.26	2.07
50	15.80	12.45	45.80	36.60	134.23	136.36	13.36	1.98
51	13.15	12.78	49.60	31.50	131.00	131.25	13.45	2.21
52	13.16	13.56	48.60	36.20	131.10	135.36	12.49	2.13
53	13.18	12.16	48.40	32.12	137.50	139.10	13.36	1.99
54	13.25	12.10	50.30	31.12	132.10	138.89	12.65	2.16
55	12.56	12.78	52.20	30.45	135.00	138.78	12.10	2.36
56	13.11	12.01	51.60	36.90	131.00	136.10	13.26	2.12
57	13.18	12.10	49.60	35.60	137.00	137.89	13.14	2.03
58	13.15	12.10	48.60	35.90	136.00	139.10	12.42	2.01
59	13.11	12.99	48.40	35.80	137.50	138.10	12.54	2.13
60	13.31	12.56	49.30	31.50	134.10	138.00	12.25	2.12

APÊNDICE (continuação)

PONTUAÇÕES BRUTAS DOS JOGADORES DE KABADDI EM RELAÇÃO A DIFERENTES ITENS DE TESTE

Sr. No.	Test Items							
	Toe Touch (Sec.)	Hand Touch (Sec.)	Right Grip Strength (Kg.)	Left Grip Strength (Kg.)	Leg Strength (Kg.)	Back Strength (Kg.)	Foot Work (Sec.)	Drag & Leg Thrust (cms.)
61	13.25	13.00	52.50	35.90	127.10	132.10	13.26	2.13
62	13.45	12.14	50.60	37.60	125.00	128.20	14.52	2.29
63	12.58	12.01	50.60	36.60	129.00	133.10	13.25	1.99
64	13.11	12.11	49.30	37.60	131.00	133.15	12.45	2.21
65	12.56	11.36	48.40	35.56	135.25	135.36	13.12	1.98
66	12.58	12.01	49.30	36.20	137.50	138.00	13.42	2.06
67	13.12	13.10	50.60	32.30	127.00	131.10	14.24	2.30
68	13.18	13.01	50.30	33.20	129.00	133.89	13.25	2.13
69	12.46	12.15	52.20	35.45	129.45	134.56	13.26	2.16
70	13.20	12.10	51.60	33.45	131.00	134.00	12.52	2.29
71	13.16	12.17	52.50	36.60	132.00	128.20	12.35	2.21
72	14.00	13.15	52.20	36.50	123.00	127.00	13.45	2.26
73	13.20	12.38	52.90	36.80	128.00	135.00	12.45	1.98
74	13.80	12.14	45.80	32.45	131.00	135.36	11.89	2.11
75	13.60	12.10	50.30	30.15	131.00	137.00	11.35	2.23
76	13.14	12.12	49.60	31.26	130.00	138.00	13.26	2.23
77	13.16	12.15	48.60	36.60	131.00	133.50	14.32	2.36
78	13.18	12.00	48.40	31.50	135.25	135.00	13.25	2.21
79	13.89	12.10	48.40	36.20	137.50	139.10	12.45	2.23
80	13.10	12.14	50.30	31.12	137.00	139.10	14.39	2.36

APÊNDICE (continuação)

PONTUAÇÕES BRUTAS DOS JOGADORES DE KABADDI EM RELAÇÃO A DIFERENTES ITENS DE TESTE

Sr. No.	Test Items							
	Toe Touch (Sec.)	Hand Touch (Sec.)	Right Grip Strength (Kg.)	Left Grip Strength (Kg.)	Leg Strength (Kg.)	Back Strength (Kg.)	Foot Work (Sec.)	Drag & Leg Thrust (Cms.)
81	13.15	12.15	52.20	35.60	129.00	135.00	12.36	2.06
82	12.55	12.89	52.90	35.90	132.00	135.36	12.55	2.21
83	14.46	12.78	45.80	35.80	131.20	138.00	12.42	2.26
84	13.01	12.89	50.30	36.20	132.10	133.50	12.54	2.16
85	13.60	12.10	49.30	36.20	127.00	134.20	12.25	2.11
86	13.05	12.10	50.60	32.30	131.00	135.10	14.39	2.23
87	13.12	12.30	50.30	33.20	119.12	125.00	13.36	2.26
88	13.11	12.15	52.20	35.78	131.00	135.00	12.32	2.16
89	13.15	12.45	51.60	36.12	131.00	134.50	12.25	2.11
90	12.55	11.58	52.50	36.60	125.10	130.00	12.01	2.18
91	14.23	12.89	52.20	31.50	131.00	136.00	12.89	2.21
92	13.16	12.10	52.90	36.20	123.10	127.10	12.29	2.23
93	13.06	12.89	45.80	35.01	129.13	131.45	13.36	2.26
94	12.56	12.01	50.30	34.10	121.12	128.00	12.55	2.31
95	13.12	12.78	52.20	31.01	131.00	135.00	14.36	2.36
96	13.16	12.30	52.90	36.90	131.00	135.00	12.26	2.26
97	13.15	12.78	45.80	35.60	137.12	140.12	13.24	2.21
98	12.96	12.01	50.30	35.90	138.78	139.17	12.42	2.23
99	12.16	12.59	52.50	35.80	129.15	136.12	13.54	2.13
100	12.51	12.12	52.20	31.50	127.45	132.56	13.25	2.09

BIBLIOGRAFIA

Livros:

Abstrand, P., & Rodahl, K. (1970). *Textbook of work physiology*. New York: McGraw Hill, Kongkusha Ltd.

Best, J. W. (1963). *Research in education*. E.U.A.: Prentice Hall.

Bhargava, G. C. (1975). *Regras de Kabaddi*. Hydrabad: Federação de Kabaddi Amador da Índia.

Clark, H. H., & Clark, D. H. (1975). *Research process in physical education*. Englewood cliffs, New Jersey: Prentice Hall, Inc.

Clarke, H., D., & Clarke, H. H. (1972). *Estatística avançada com aplicação à educação física*. New Jersey: Prentice Hall Inc.

Clarke, H., D., & Clarke, H. H. (1976). *Processo de investigação em educação física*. New Jersey: Prentice Hall Inc.

Dick, F. W. (1992). *Princípios do treino desportivo*. Grã-Bretanha: University Press Cambridge.

Eva L. W. (1984). *Anatomia e fisiologia*. Londres: Addison Wesley Publishing Company.

Gay, L. R. (2000). *Educational research*. E.U.A.: Prentice Hall.

Jenson, & Fisher. (1986). *Scientific basis of athletic conditioning*. Nova Deli: Publicações.

Johnson B. L. & Jack, K. N. (1982). *Practical measurements for evaluation*. Delhi: Surjeet Publications.

Rao, E. P. (2002). *The complete hand book on kabaddi*. Vijayanagaram: Publicações Jagadamba.

Strukic, P. J. (1981). *Basic physiology*. New York: Springer Velag Inc.

Uppal, A. K. (1992). *Princípios do treino desportivo*. Nova Deli: Publicado por Friends publication.

Verma, J. P. (2000). *Um livro de texto sobre estatística desportiva*. Gwalior: Publicações Vénus.

Revistas e Actas:

Baldwin, C. E., Paratz, J. D., Bersten, A. D. (2013). Avaliação da força muscular em pacientes criticamente enfermos com dinamometria portátil: uma investigação de confiabilidade, mudança mínima detetável e tempo para geração de força de pico. *J Crit Care, 28*(1): 77-86.

Bielemann, R. M., Gigante, D. P., & Horta, B. L. (2015). Peso ao nascer, restrição de crescimento intrauterino e estado nutricional na infância em relação à força de preensão palmar em adultos: da coorte de nascimentos de Pelotas (Brasil) de 1982. *Nutrição,* (15): 0899-9007.

Chan, Y. H. (2004). Componentes principais e análise de factores. *Jornal de medicina de Singapura, 45*(12): 558-565.

De, S., Sengupta, P., Maity, P., Pal, A., & Dhara, P. C. (2011). Effect of body posture on hand grip strength in adult bengalee population (Efeito da postura corporal na força de preensão manual na população adulta de Bengala). *Journal of Exercise Science and Physiotherapy, 7*(2): 79-88.

Dey, S. K., Khanna, G. L., & Batra, M. (1993). Morphological and physiological studies on Indian national kabaddi players. *Br J Sports Med, 27*(4): 237-242.

Geary, K., Green, B. S., Delahunt, E. (2013). Confiabilidade intra-avaliador da medição da força do pescoço de jogadores da união de rugby usando um dinamômetro portátil. *J Manipulative Physiological Ther, 36*(7): 444-9.

Jagathesan, R., Ganeshkumar, M. (2013).Construção de normas para o teste de competências em kabaddi. *Revista Internacional de Educação do Movimento e Ciências do Desporto, 1* (1).

Khanna, G. L., Majumdar, P., Malik, V., Vrinda, T., & Mandal, M. (1996). A study of physiological responses during match play in Indian national kabaddi players. *Br J Sports Med, 30*(3): 232-5.

Kim, W. K., Kim, D. K., Seo, K. M., & Kang, S. H. (2014). Confiabilidade e validade do teste de força extensora isométrica do joelho com dinamômetro de mão dependendo de sua fixação: um estudo piloto. *Ann Rehabil Med. 38*(1): 84-93.

Koley, S., & Yadav, M. K. (2009). Uma associação da força de preensão manual com algumas variáveis antropométricas em jogadores de críquete indianos. *Educação Física e Desporto, 7* (2): 113 - 123.

Kumar, R. (2015). Comparação da aptidão física relacionada com a saúde entre jogadores de kho-kho e kabaddi. *Indian Journal of Applied Research, 5*(5): 19-22.

Kumar, S. K., Kumar, S., Kaur, H., & Singh, H. (24-26 de janeiro de 2013). Effect of selected weight training exercises on the development of arm and leg strength of kabaddi players, proceeding of *Global Scientific Conference on Physical Education, Health & Sports Sciences, (2 5-7*).

Liao, K. H. (2014). Estudo experimental sobre diferenças de género nas mãos e sequência de aplicação de força no controlo da preensão e da preensão *manual. Int J Occup Saf Ergon, 20*(1): 7790.

Martins, J. C., Aguiar, L. T., Lara, E. M., Teixeira, S. L. F., & Faria, C. D. (2015). Avaliação da força de preensão palmar com o teste do esfigmomanômetro modificado: associação entre força global do membro superior e função motora. *Braz J Phys Ther, 19*(6): 498-506.

Matsui, Y., Fujita, R., Harada, A., Sakurai, T., Nemoto, T., Noda, N., Toba, K. (2014). Associação da força de preensão e índices relacionados com a independência das actividades da vida diária em adultos mais velhos, investigada por um dispositivo de medição da força de preensão recém-desenvolvido. *Geriatr Gerontol Int, 14*(2): 77-86.

Nikolaidis, P. (2012). Desenvolvimento da força muscular isométrica em jogadores de futebol adolescentes. *Educação Física e Desporto, 10*(3): 231 - 242.

Pang, M. Y., Yang, F. Z., & Jones, A. Y. (2013). A elasticidade vascular e a força de preensão estão associadas à saúde óssea do rádio hemiparético em pessoas com AVC crónico: implicações para a reabilitação. *Physical Therapy, 93*(6): 774-785.

Parvatikar, V. B., & Mukkannavar, P. B. (2009). Estudo comparativo da força de preensão em diferentes posições do ombro e do cotovelo com o pulso em posição neutra e em extensão. *Journal of Exercise*

Science and Physiotherapy, 5(2): 67-75.

Sainia, M., & Sinha, A. (2014). Comparação da força das pernas, força de preensão e força das costas entre os lutadores de halterofilismo e Jodokas de estudantes universitários. *Revista Internacional de Educação Física, Fitness e Desporto, 3*(1): 100-107.

Sharma, R. K., Singh, B., & Singh, K. M. (2014). Construção de normas para uma bateria de testes de aptidão física selecionada como indicador do potencial desportivo dos jogadores de kabaddi. *Revista de Investigação em Ciências da Educação Física, 2* (7): 8-12.

Sims, S. E., Engel, L., Hammert, W. C., & Elfar, J. C. (2015). Sensibilidade, força e frouxidão da mão de músicos de alto nível em comparação com não músicos. *J Hand Surg Am, 40*(10): 1996-2002.

Singh, A. (2014). Estudo comparativo da força da cintura escapular e da força de preensão manual entre jogadores de basquetebol e andebol. *International Journal of sports science, fitness and lesuire industry, 1*(2): 101-108.

Singh, A. K., Kannan, A., & Singh, R. R. (2014). Previsão da capacidade de jogar kabaddi nos contextos antropométrico e bio-motor. *Academic Sports Scholar, 3*(2): 1-5.

Singh, A. S., & Gaurav, V. (2014). Estudo comparativo da força de preensão manual e da cintura escapular entre jogadores intercolegiais de críquete, basebol e softbol. *Revista Internacional de Investigação Multidisciplinar, 2*(3): 1-5.

Singh, D. (2013). Uma análise do coeficiente de correlação para as habilidades de kabaddi de jogadores de kabaddi de nível universitário. *Jornal Internacional de Ciências do Desporto, Fitness e Indústria de Lesões, 1*(1): 173-176.

Singh, D. (2014). Um estudo do coeficiente de correlação para habilidades de kabaddi selecionadas para jogadores de kabaddi da universidade punjabi. *Jornal Internacional de Ciências do Desporto, Fitness e Indústria de Lesões, 1*(2): 182-188.

Singh, D. (2015). Um estudo analítico da construção de normas para competências selecionadas de kabaddi para jogadores de kabaddi. *Revista de Investigação em Ciências da Educação Física, 3* (8): 12-14.

Singh, D. (2015). Construindo normas para habilidades selecionadas de kabaddi para jogadores de kabaddi da universidade de panjab. *Research Journal of Language, Literature and Humanities, 2*(8): 14-17.

Singh, P., & Kang, S. S. (24-26 de janeiro de 2013). Relationship between anthropometric and physical fitness parameters of male Kabaddi players, proceeding of *Global Scientific Conference on Physical Education, Health & Sports Sciences, (2:* 104107).

Singh, S., Wallia, P., & Sharma, M. (24-26 de janeiro de 2013). Comparative analysis between boxer and kabaddi players in relation to anthropometric and fitness components, proceeding, of *Global Scientific Conference on Physical Education, Health & Sports Sciences (2:* 455-459*)*.

Spruit, M. A., Sillen, M. J., Groenen, M. T., Wouters, E. F., & Franssen, F. M. (2013). Novos valores normativos para a força de preensão manual: resultados do UK Biobank. *J Am Med Dir Assoc, 14*(10):

775-11.

Sudhakar, H. H., Majumdar, P., Umesh, V., & Panda, K. (2014). A proporção do segundo para o quarto dígito é um preditor da capacidade desportiva em jogadores indianos de elite de kabaddi masculino. *Jornal Asiático de Medicina Desportiva, 5*(3).

Tikanmaki, M., Tammelin, T., Sipola, L. M., Kaseva, N., Matinolli, H. M., Miettola, S., Kajantie, E. (2015). Aptidão física em jovens adultos nascidos pré-termo. *Pediatria*, 29: 2015-1289.

Vermeulen, J., Neyens, J. C., Spreeuwenberg, M. D., Rossum, E., Hewson, D. J., & de Witte, L. P. (2015). Medindo a força de preensão em adultos mais velhos: comparando o gripball com o dinamômetro Jamar. *J Geriatr Phys Ther, 38*(3): 148-53.

Yardimci, B., Sumnu, A., Kaya, I., Gursu, M., Aydin, Z., Karadag, S. & Kazancioglu, R. (2015). A força de preensão manual e a medição da pinça chave estão relacionadas com os parâmetros bioquímicos da nutrição em pacientes em diálise peritoneal? *Pak J Med Sci*, 31(4): 941945.

MIX
Papier aus verantwortungsvollen Quellen
Paper from responsible sources
FSC® C105338

Printed by Books on Demand GmbH, Norderstedt / Germany